表象の戦後人物誌

MIKURIYA Takashi

御厨貴

千倉書房

表象の戦後人物誌

目次

序

戦後を表象する人々

〝戦後〟が還暦を迎えて、すでに久しい。今さら〝戦後〟でもあるまいと、ふと思う。でも〝あの戦争〟をめぐる責任問題はくり返し争点化され、時として昭和天皇の歴史的位置づけもゆれる。そもそも〝あの戦争〟の評価すら未だに定まっていないではないか。

平成生まれの若者（東大駒場キャンパスに集う学生たち）への「戦後史」の講義や「政治学を読み破る」ゼミの最中、彼らは時に迷惑そうに「戦後とは何か」「戦後はいつ終わるのか」「戦後という言葉から触発されるものは何か」と、しつこく問いかける私を眺めている。といって彼らは無関心なのではない。講義はちゃんと聴き、ゼミでは真面目に議論もする、決してシラケてはいない二十歳前後の若者たちである。

さりながら戦後といえば、私の人生を覆い尽くしてなお余りあるわけで、やはり若者にはメリハリがつかず長すぎたか、などと考えるうち、ハタと思い当たった。私自身が戦後を表象する人物を、「日記」や「オーラル・ヒストリー」、「小説」や「ノンフィクション」の解説という形で追究し始めてから、すでに十余年にもなることに。

じつは自分は、知らず知らずのうちに戦後の延命に手を貸していたのではないか…。果たして本当にそうなのか。これは確かめてみなければならぬ。そこで、これまで積み重ねてきた「解説」をまとめてひっぱり出してみた。

まず、そこには〝戦後〟を表象する人物が書き、あるいは語ったモノが厳然とある。それらは一方で作者自らの〝戦後〟を表象しつつ、他方で彼らが描くところの〝戦後〟の人物を表象もする。言ってみれば表象の〝入れ子〟とでもいうべき状態になっている。これらを改めて読み直すことで、長すぎる〝戦後〟に緩急をつけられるか否か、入れ子状になったまま放置しておくのではなく、いくつかの文脈の中で再構成してみようと考えた次第である。

第一章の筆頭に掲げられるのは、戦前と戦後にまたがって、それこそ一身にして二生を歩んだ昭和天皇である。敗戦前夜、そして敗戦直後から占領期にかけて侍従・徳川義寛の綴った日記からは、いったい昭和天皇の何があぶり出されてくるのか。言葉少ない中に、確固たる世界として浮かび上がってくる宮中と天皇の営み。

ただ昨日あるように今日があり、今日あるように明日があるとするならば、アレクサンドル・ソクーロフ監督が、イッセー尾形主演の映画『太陽』［❖1］において描きだしたデフォルメされた昭和天皇に思いいたる。もしかすると、ソクーロフの世界と徳川義寛の世界は、コインの表と裏なのかもしれない。

どうして日本は〝あの戦争〟に負けたのか。歴史家・徳富蘇峰の追究は容赦ない。明治という時代と明治天皇の存在によって、昭和という時代と昭和天皇の存在を相対化した蘇峰には、もはや何のタブーもない。昭和天皇とその側近、軍部と有力政治家たちに、次々と歯に衣着せず批判の矢をあびせかける。蘇峰によって露《あら》わにされる〝あの戦争〟をめぐる政治と軍事指導のあり方への批判は、あるとき左翼によるそれと、まなざしが一致する。右であれ左であれ、虚飾のベールをぬぎすてたラディカリズムは、相似た容貌を呈するのかもしれない。

昭和天皇は長寿であった。一九六〇年代に還暦を迎えた天皇は、そこから第二の人生を歩むのが普通となった今日から振り返っても、一九七〇年代には前人未踏ともいうべき古稀をこえた天皇として立ち現われる。侍従(事務主管)・卜部亮吾、そして宮内庁長官・富田朝彦、侍従長・入江相政らにとっても、これ以後、主観的には元気そのものだが、客観的にはしのびよる老いを隠せぬ天皇に、如何に仕えていくかが最大の課題となる。生きがいをなくさせぬよう、それでいて公務を如何に軽減するか。そもそも公務を天皇が望むとおり継続すべきなのか否か。高齢者介護のあり方にも似た前代未聞の課題を抱え、皇室はたいへんな試練に見舞われる。

さらに雑誌に掲載された高松宮の発言から、昭和天皇はまたも戦争責任の問題に直面することとなる。A級戦犯の靖国神社合祀問題も晩年の昭和天皇を否応なく〝政治〟の世界に引きこんでいく。

いや、正しく言うならば、天皇は歴史的存在なるがゆえに、皇室外交という美名の下に実践面からもまた政治の世界に関わることを余儀なくされる。

天皇も大変だが側近たちもまた大変。彼らの苦労の跡が富田や卜部の「日記」から偲《しの》ばれる。戦前から戦後への転換の中で、とにもかくにも「デモクラシーの論理」は強く、太く、一線を画することになった。

イデオロギーであれ利益であれ、「戦後デモクラシー」は、一応できる限り言葉での説明を要求する。先に述べた戦争責任を含め、昭和天皇の様々な公的活動さえもじつは同様のことを迫られた。「戦後デモクラシー」は意外にもこれらの点で剛直であった。

これに対し、そもそも説明や言葉を必要としない世界も世の中には存在する。睨みをきかせる人物の押し出しが皆を納得させてしまうケースがそれだ。特に戦前はそのような局面がいたる所にあった。そこで牛耳をとるのが、第二章で分析したセルフメイド・マン(独立独歩型人間)に他ならない。既成の枠にはまらぬ奔放な行動ゆえに、セルフメイド・マンは存在そのものに価値があり、論理や言葉をあえて必要とはしない。

しかし戦後世界はデモクラシーを主軸とし、セルフメイドクラシーは表には出ない形で共存共栄が図られた。そんな共栄のひとつの形を代表する人物が笹川良一だ。彼の獄中「日記」と、同じく巣鴨プリズンにいた右翼系実業家の石原廣一郎が残した「日記」とから、獄中における赤裸々な人間像が写し出される。学校秀才は弱し、されどセルフメイド・マンは強し。〝獄中〟と〝ポスト獄中〟では、人の生き方はまた変わるものである。モーターボート業界に君臨した笹川は、果たして如何。

第三章ではメディアを切り口に考えた。戦後を生きながら絶えず時代への〝仕掛け〟を考え、そして〝手入れ〟を怠らないジャーナリスト・渡邉恒雄。躍動する記者魂《だましい》、ダイナミックに政治と言論を結びつける技《ワザ》、摩訶不思議なオーラがこの異能のジャーナリストから放射されている。

彼は〝乱〟を好み〝論〟を張る。若い頃から多くの記事やエセーをずっと書き続けているだけに、それらを追っていくことが時代の証言ともなる。おまけにストーリーテラーとしても絶妙だ。戦後政治を彩る政治家たち――鳩山一郎、岸信介、大野伴睦から中曽根康弘、小沢一郎まで――の人物月旦もなかなかのもの。まことに渡邉恒雄こそは、自らをも共演者の一人としつつ、戦後の様々な人物像を活写し表象している。

同じ戦後を表象するといっても、一九六〇年代後半、あの社会反乱の時代――大きな安逸の中の小さな反乱――にのみ、華麗に世間という舞台に登場し活躍したのが芥川賞作家・庄司薫である。一九八〇年代以降今に至るまでの完黙が、かえって今になって、一九六〇年代の饒舌を浮かび上がらせる結果をもたらしている。

しかも、あの都会的なと言おうか、山の手風の独得なオシャベリ口調で迫る文体は、同世代のみならず、その後の若者（著名になる小説家から一介の書生にいたるまで）に決定的な影響を及ぼした。古典的青春ならぬ古典的文体を知らず知らずのうちに破壊されてしまったのである。「薫クン」特有の直接的な口語体的話法、そして「庄司薫」の洗練された都会的センスに満ちた話法、これらが混然一体となって、あたかも世界同時革命にも似た、〝静かなる文体革命〟を引き起こしたからだ。

庄司薫は中村紘子と共に、「やぁこんにちは」と、今はもう多くの高層ビルと挨拶をかわさねばならなくなった三田のマンションの高層階にこの間ずっと住み続け、戦後の青春の定点観測に勤《いそ》しんでいる。もっとも庄司薫は一九六〇年代のある一点で〝戦後〟の青春とその後を様々な話法で語り、あげくに〝にげ薫〟と自称してものの見事に世間から姿をくらましました。

でもつい先日、今はもう庄司薫から見れば孫の世代にあたる私の東大のゼミの若者を相手に、三時間にわたり戦後を表象する人物について少しも変わらぬ調子で語り尽くした様子を見て、いまだに一九六〇年代と今とを即座に往還できるその若さに驚いた。半世紀の年の差が一挙に縮むラビリンス体験など、なかなかできることではない。

第四章で採り上げた政治家たちの『私の履歴書』は、それこそ〝戦後〟を表象する手段そのもの。自《おの》れを語ることによって関連する人物のこともつい語ってしまう面白さに満ちている。だが、ここで挙げた一書には決定的に何かが欠けている。それは何か。

じつは自他共に認める保守本流、宏池会系の政治家がまったく含まれていないのだ。池田勇人、前尾繁三郎、大平正芳、宮澤喜一など。もちろん池田には書く暇がなかっただろうし、宮澤のように終始嫌がるタイプもいた。それにしても保守政治家を語るのに、これでよしとは言えまい。

宏池会という戦後政界における名門派閥の興亡譚《たん》は、なかなか書かれない。なぜか。それは池田勇人という創業者の、大蔵大臣、総理大臣としての成功神話があまりにも強烈すぎるからだ。戦後を表象する高度成長とそれを演出しえた男たちの物語として、みごとに完結しているからだ。

沢木耕太郎の『危機の宰相』も、確かに成功物語の範疇に入る。しかし、池田勇人、下村治、田村敏雄という戦前における青春の敗者三人が、戦後において決起と復活をとげる集約点としての「所得倍増計画」と、そこに至る道を複層的に描いている。個人の内面に迫る沢木得意の手法によって、単なる敗者の復活成功物語に止まらず、その過程からすでに生ずる鬱々とした風情や虚脱感、そして無常観への共振共鳴が強く印象に残る。その膚《ヒダ》を読みとらねばダメなのである。

なかなか本にまとめられないうち、この作品は一人歩きして、ひそかに多くの学者やジャーナリストのネタ本と化した。典拠を明らかにせぬままあちこちで引用されたのだ。しかしネタとされたのは成功物語の箇所ばかりであって、結果的にいつのまにやら高度成長の成功神話へと収斂《しゆうれん》させられてしまったのであった。宏池会の秘書官グループ、大蔵省の現役官僚、そして彼らが演出する池田勇人、すべてが〝男臭い物語〟として、これまた神話化されていった。この時期を論じた客観的研究として評価できるのは牧原出『内閣政治と「大蔵省支配」』(中公叢書)のみである。

だが最近、毎日新聞の連載『権力の館を歩く』シリーズのために、池田勇人、大平正芳の私邸や別荘を取材した折、私は宏池会という派閥の持つ、一見きわめて合理主義的なあり方の裏に、何とも形容し難い隠微な人間の業《ごう》や暗闇が潜んでいることを発見し、慄然《りつぜん》たる思いがした。取材班の若手スタッフは、池田－大平、前尾－大平、宮澤－大平のただならぬ人間関係を指摘してやまない。宏池会については、情念の観点から再検討される余地が残されている。おそらくは私が行った福本邦雄のオーラル・ヒストリー『表舞台裏舞台』(講談社、二〇〇七年)に、そのヒントが示されていよう。

事務方の内閣官房副長官と内閣官房の役割については、最近研究が頓《とみ》に進んでいる。先述した畏友牧原出の研究(「戦後日本の『内閣官僚』の形成」『年報政治学二〇〇四』岩波書店、二〇〇五年。「憲政の中の『内閣官僚』」『憲政の政治学』東京大学出版会、二〇〇六年)がその好例だ。石原信雄元副長官のオーラル・ヒストリーはこうした方向への研究の出発点であった。ポスト中曽根の竹下、宇野各政権、一九九〇年代前半の海部、宮澤、細川、羽田、村山各政権と、あわせて七代の性格の異なる政権のあり方を、石原は明らかにしている。自治省出身の石原には、内幕話を含め、意外に早く情報公開してもらったとの思いが私にはある。

とはいえ当時はオーラルに対し、国家公務員の守秘義務規定に照らして如何なものか、という今から思えば誠に馬鹿馬鹿しい論難もあった。今一人のオーラル・ヒストリーの対象者たる後藤田正晴が、一刀両断、これらの妨害者を排除してくれたことが深く印象に残るゆえんである。

なお本書中には、西暦優先表記となっている稿と年号優先表記になっている稿が混在している。近現代史を描く上で、たとえば「一九四一年」よりも「昭和十六年」のほうが、「昭和三十五年」よりも「一九六〇年」のほうが、より強く時代が身に迫る、といったことがあるのではないかとの判断から、迷った末、あえて統一を取らなかった。多分に感覚的なことではあるが読者の利便を考えてのこととご理解いただきたい。

やや前置きが長くなった。では、早速、〝戦後〟を表象する人々をめぐる旅を開始しよう。なお〝戦後〟をテーマとする、わがゼミ生たち（愛を込めて、平成くんと呼ぶことにする）との対話を整理した「終章」は、この「序」に続けて読んでもよいよう工夫してあることを付言しておく。

❖1―『太陽』
二〇〇六年に日本で公開されたアレクサンドル・ソクーロフ監督の作品。終戦前後の数日を切り取り、沖縄戦の様子や東京大空襲の記憶に苦悩する昭和天皇の姿を描いた。想像の域を出ない天皇のプライベートな心象に踏み込んでいるため日本公開は危ぶまれたが、単館上映から多くの観客を集め公開館を広げた。昭和天皇にイッセー尾形、香淳皇后に桃井かおり、侍従長の藤田尚徳役に佐野史郎といった配役も話題となった。

第一章

戦後を生きる

——象徴天皇とその周辺

◈昭和の伴走者が描く宮中の秩序感覚

『徳川義寛終戦日記』（朝日新聞社）

徳川義寛［著］　御厨貴・岩井克己［監修］

徳川義寛は、昭和天皇の侍従として半世紀にわたり宮中に勤務した。一九〇六（明治三十九）年生まれの徳川は一九三六（昭和十一）年に三十歳で侍従に任ぜられて以来、一九六九（昭和四十四）年に侍従次長、一九八五（昭和六十）年に侍従長となり、一九八八（昭和六十三）年、八十一歳で現役を退いた。以後も亡くなる一九九六（平成八）年まで侍従職参与であった。一生を昭和天皇の側近として仕えた徳川は、尾張藩主慶勝を祖父とする武門の出で、寡黙で剛の人のイメージが定着していた。

それはあたかも同じく半世紀（一九三五－八五年）を侍従としてすごし、徳川の先任侍従長であった入江相政が、冷泉家出身の歌人で、饒舌で柔の人のイメージがあったのとまことに対照的だった。饒舌を旨とする入江が死後公私とりまぜた膨大な日記を残したのは、その意味で不思議ではなかった。だが寡黙をもってなる徳川もまた記録を残していた。それは徳川自身が語っているように、侍従は公務として「侍従日録」を毎日作成する必要があったからである。そのために、おそらくは文字通り〝日録〟としての正確を期するため、徳川は自らの覚えとしての日記をつけていたと思われる。

一九九九年に朝日新聞社から刊行された『徳川義寛終戦日記（以下、終戦日記）』は、こうした徳川の覚えとしての日記から、徳川自身が校訂を施し活字化した私家版を原本としている。このことを徳川自身は次のように語っている。

「私は侍従日録をつけるために自分の記録をつけておりましたが、昭和十九年から二十七年までは、やたら詳しい。それ以降はあまり細かくつけなくなりました。戦中戦後の陛下のご行動についての記録を抜粋して、『昭和天皇実録』を編集している書陵部に渡してあります。特に昭和二十年代の初めのころのことで、下敷きになるような日記をオープンにしたのはあまりないようですね。芦田均さんの日記などでも、あまり書いてないですね」（『侍従長の遺言』朝日新聞社、一九九七年）。

徳川による校訂を経た『終戦日記』は、一九四四（昭和十九）年一月から一九四六（昭和二十一）年一月まで丸二年間を記録した『日記——武は文にゆずる』の第一部と、続く一九四六年二月から十一月初めまでの記録に、巡幸・進講・日本国憲法制定・退位問題・平和条約など六項目について詳細に記した付記をあわせた『日記　続』の第二部とに大別される。

その記載のあり方は、おそらく「侍従日録」のための備忘録としての位置づけを徳川が強く意識していたからであろう、きわめて短簡かつ明確に、昭和天皇の動静が記されている。同時代の背景をなす自分の私的活動の記録を除けば、ほとんど個人的感想や印象が記されることはない。

今日風に言えばあたかも時間目盛付きのビジネス手帳への模範的といってよい程の、判で押した如く分単位の精細な記述がなされている。しかも天皇の〝公務〟を意識したためであろうか、多くの場合拝謁者の固有名詞はなく、首相、陸相などと官名による表現になっている。

記述の体裁から見て『終戦日記』は後になってもとの記載をあれこれ削って整えたものではない。そもそも記載当時から、ある種の緊張感と決まった整理技術をもって、バッサバッサと余分に思われる箇所を徳川の頭の中ですべて切り落とし、きっちりと枠にはまる形で書き上げたものであろう。したがってこの日記を息せき切って開いた上、秘話や人物月旦などを期待して通常の日記を読む折のように、要所要所にマーカーで印をつけるといった読み方を試みるならば、読者はものの見事に裏切られることまちがいなしだ。むしろ余りの無味乾燥さにあきれはて、早々と投げ出してしまう始末となるのがオチであろう。

もしそういうことにでもなれば書き手の思うつぼに違いない。そんなあわて者には読んで欲しくない。この日記には、この日記特有の読ませ方があるのだから。書き手はそう思ってほくそ笑むであろう。仮に二十世紀百年間の尺度をとったとしても、終戦前後数年間の宮中こそが最も時代の激動にさらされていたことは疑いえない。そこでは激動の真只中にある制度や組織のすべてが、激しい渦の中にまきこまれ右往左往といったイメージがある。しかも「非常時」「戦時」「占領」という言葉には、常ならぬ事態が生じている印象がつきまとう。

だが他のいかなる制度や組織が危機に際会しようとも、宮中は不変不動でなければならない。いにしえからの時間の持続、秩序の維持こそが宮中のモットーではないか。昨日あった如く今日があり、そして今日あった如くに明日もあるというのが、宮中のあり方なのである。たえざる変化変動に対して、可能な限り何ごともなかったかのように対応すること――これこそが宮中で、とりわけ長く天皇の側近を勤める者の精神でなければならない。実はこの日記全体を通しての徳川のメッセージは、これに尽きると言っても過言ではない。だから徳川は、わかる者にはわかると考え、宮中の時間の流れを正確にしかも淡々と記し続けたのであろう。

否、それこそが徳川のダンディズムに他ならなかったかもしれない。その意味で、『終戦日記』を読むにあたってまず座右に置くべきは、徳川のこうした心情を最も良く理解した岩井克己が、自らの聞き書きに詳細な解説を付した『侍従長の遺言』(前掲)である。この最良のガイドブックを頼りに日記を読んでいくと、徳川の既に述べた精神や心情を具体的に知ることができる件《くだ》りに出会う。

もっともここで取り上げる例は、日記に書いてあることの理由づけを聞き書きが証明するという通常のパターンではない。むしろ逆だ。日記に書いてないことの理由づけを聞き書きが証明するというややアクロバティックなパターンなのだ。いったいどういうことか。まずは聞き書きを読んでみよう。

「木下さん(道雄、当時の侍従次長)は日記(『側近日誌』文藝春秋、一九九〇年)に、たとえば砧とか白金とか柿生とか、しきりに皇居移転の話を書いたりしておられるが、木下さんは宮中は短いでしょ。駄目なのよね。私どもはぜんぜん本気では取り上げていませんでした。
木下さんは退位問題も記しておられるが、陛下は昭和二十年九月三日、敗戦の奉告で賢所でおまつりをした時に、復興に努力することを誓っておられ、私どもの目から見れば、本気で退位を考えられていたわけではないと思います」

いかなる制度や組織でも、危機の時代には噂や流言飛語の類が飛びかうもの。宮中とて例外ではない。いな宮中はがんらい噂がたち、また肥大化する世界ではないか。しかも皇居移転といい天皇退位といい、これは重大問題である。何が本当の情報なのか。それは長く宮中の時間の持続と秩序の維持のために仕え、内部を冷静にながめてきた者にしかわからない。だからどちらの問題も、『終戦日記』にストレートには出てこないのだ。こうした形で短兵急な改革主義者に対する批判が、伝統的思考様式を身につけた保守主義者の側から発せられることになる。

徳川の秘かなる自負心は、『終戦日記』の第一部の構成にも窺える。端的に言って、ここではなぜ終戦までを一まとまりにしなかったのか。この日記では、八・一五を区分の基準としていないのだ。無論徳川は政治史上における八・一五の意味を無視しているわけではない。いなそれを強く意識するからこそ、八・一五の別記の結末に「武具を棄て平時の長衣《トーガ》に着替えたローマ人の気持を表わした古句がある。八・一五の思出にこの古句をしるしておく Cedunt arma togae 武は文に譲る」

と徳川は記した上、「戦争から平和への歴史的転換期の記録」故にこの日記のタイトルにわざわざ「武は文にゆずる」との古句を記したと強調するのである。

だが端正に枠取りされた昭和天皇の動静を読み進めると、宮中の秩序感覚は八・一五をもって大転換したのではないことに気付く。宮中関係者と軍部関係者と内閣関係者のみがくり返し拝謁するという「戦時」に極端に三者の均衡が肥大化して定着してしまった宮中のあり方に、変化の兆しが現れないわけではない。

しかしそれはある特定の日時に一挙にもたらされるのでもない。終戦後半年をかけて内大臣府の廃止や宮中自体の縮小、軍部関係者の撤退とGHQ関係者や外国人それに民間人・文化人の登場といった出来事が、あくまでもこれまでの宮中の秩序感覚との連続線上に行われていく。言いかえれば、一見ドラスティックに見える改革をも、従来からの秩序感覚の延長線上に、振れ幅少なくのせるよう工夫をこらすのだ。そしていつのまにやら、登場人物がガラリ変わっている事実に気がつくのである。当然やめさせられる侍従も出てくる。しかし徳川の勤めは少しも変わらない。

その徳川の目線を追っていく時、現実には一九四六(昭和二十一)年以降も政治的変動が色々な形で到来するにもかかわらず、人間宣言あたりを一つの目途として、宮中変革のモードも、ある秩序感覚の枠内に収まるとの見通しが出てきたように窺える。というのも徳川は一月二日、人間宣言を高く評価したマッカーサーのステートメントを引用してすぐ「国民と共に平和日本を再建設せんとする聖慮があらわされた」と断言しているからである。だからであろう、『日記 続』の四六年の日記には、徳川自らによる記載の省略が増えると同時に、徳川の読書ノート的記述が目立つようになる。ちなみに徳川が常に気を配っているのは、戦後新たに刊行され始めた岩波書店の総合雑誌『世界』の諸論文である。ヒュー・バイヤス「敵国日本」、津田左右吉「日本歴史の研究に於ける科学的態度」などなど。

さらに注目すべきは、次の九月十八日の件《くだ》りである。「『世界』六・七・八月号お手許へ。世界八月号、ポツダム宣言受諾まで、昨日お手許へ。御読了。秋月晶筆は加瀬なりと仰せ、次長〔稲田〕、宗秩寮総裁〔松平康昌〕に聞きたる所、よくお当てになったという。なお世界の同論文は正しい。全くその通りだと仰せあり」

あたかも「天皇陛下、『世界』を読んで大いに納得す」といった趣である。初期の『世界』に対するこうした宮中の注目度の高さは、やはり宮中特有の時代感覚の鋭さを示すものであろう。

ところで、できる限り個人的感想を控えてはいるものの、思わず知らず口をついて出てしまう感慨が、徳川にもないわけではない。『終戦日記』の中からいくつかを例示してみよう。まず、一九四四（昭和十九）年七月の東條内閣退陣から小磯内閣成立に至る一連の流れを連綿と事実のみ記した後、七月二十八日の条に、ある内務官僚の人事をこう記す。「情報局次長に三好重夫氏なる。重大時局下洵に適任」。あたかも一服の清涼剤の如くであるが、戦後も地方行政に隠然たる力を発揮することになる三好の実力を見抜いての評であったか否か。

第二は一九四五年三月四日のこと、隣組の常会で星野直樹と会った後の感想の一節に「物力軽視の欠点が見えてきた。精神昂揚が判断を誤らしめることを反省すべきであり、難局には冷静なるべし」とある。第三はこれに連なる話題で、終戦後一週間たった八月二十三日に、石渡宮相との話の中で次のような感想をもつに至っている。

「思うに敗戦の事実は国力相応の事実なりき、開戦のこと既に誤れりとさえ思わる」

「その米国と戦うことの如何に無謀なりしかを知るべし、それを思えば日本はよく戦えり、われら国民が心血を注いで、精魂の限りをつくして戦えりというべし、われらは敗戦の事実に直面して冷静に反省の機会を持つべき時は来れり」

「やむにやまれずして勃発せしことを知る、国力の発展は押さえきれぬ、しかし、それが、戦争によって解決しなければならなかったか否か、之は別問題である」

徳川の感想は、時代の論理を背負って単純ではないことがわかるであろう。米国との戦争は無謀だったが国民はよくやった。開戦は誤りだがやむをえぬ面もある。国力の発展を戦争以外の手段で解決しうるか否か。決して解答は一つではない。徳川の記述が、一様でない敗戦論への含みを残している点に注目しておこう。

次いで九月十一日、東條の自殺未遂に際しては、やや感情論をまじえてこう記す。「東條［英機］

元首相の逮捕令をマッカーサー発令す、元首相は使者に対し、応ずといい、室に入り、ピストル自殺を計り、息のあるうち種々のことを述べ、大東亜戦争は正義の戦いなりと言い、家の整理は廣橋に話しあるとか家事にわたり、陛下へのお詫びを申し上ぐべき所を述べず遺憾なり」

この記述と好一対をなすのが続く九月十二日、杉山元の自殺に関する次の一節である。「杉山[元]元帥及び夫人自決す。理由おたずねあり、お上にお詫び申し上げたるなりと申し上ぐ」。このあたり、武人としての徳川の面目躍如と言うべきであろうか。

さて、『終戦日記』では先に述べた徳川のダンディズムを反映させる読ませ方に配慮して、各ページの下部に相当程度詳しい註を付けた。『木戸幸一日記』(上下巻、東京大学出版会、一九六六年)、『入江相政日記』(全十二巻、朝日文庫、一九九四-九五年)、『側近日誌』(前掲)など関連する史料を岩井克己が精査した上で、『終戦日記』の記述を立体的に把握できるよう付したものである。当然のことながら、この作業を通して、徳川が触れていない事項、相互に矛盾する事項なども明らかになった。ともあれ是非とも註に注意を払い、場合によっては、註の原物にあたってもらえば、より一層理解が深まると思われる。

そこで次に立体的把握の一例を引いておこう。一九四五(昭和二十)年十二月二十七日の前官礼遇者陪食の折のことである。『終戦日記』には「前官礼遇御陪食一二・一〇-一・三〇(一二・四五より御茶、パンを賜わる。ところが行きちがいにより町田[忠治]に八人分賜わる。)」とだけ書かれている。これではパンを誤って賜わったことのコンテクストがまったく理解できない。そこで『入江日記』を見てみよう。「正午、前官礼遇の御陪食、予御供（中略）二時前に終る。思召で一同にパンを賜はる。それは御食事の時財部さんがこの頃は物が乏しく今日もそっとパンを孫にいたゞかせていたゞいたと申上げたのによる、難有《ママ》いことである」

このいわば補助線一本で、終戦当時のパンの底しれぬ魅力がすべて解き明かされることになる。

今一度『終戦日記』を通しての昭和天皇像をながめてみることにしよう。戦前においては〝空襲日記〟かと見まごうほど、宮中に対する爆撃の度合が一歩一歩強まるプロセスを、この日記では詳細に描き出している。そのため、御文庫の設置や防空施設の建築などを含め、天皇の居所そのものの移動も頻繁に行われることになる。

くり返すが宮中は「非常時」にあり「危機管理」を迫られていたのである。ところがこうした中にあって、天皇は水泳をたしなみ、月見を楽しむ。また寸暇を惜しんで生物学研究にうちこみ、正月には謡かるたの行事に変わることなく携わる。昭和天皇のこれら一連の何げない活動ぶりの中に、戦時においてなお平時をたぐりよせることのできる宮中のある種の余裕を見て、感嘆せざるをえない。

先にも述べたが、『終戦日記』の随所で徳川がサインを出しているように、いにしえから連綿と続くこうした秩序感覚が、宮中への外からの攻撃を常にやわらげる効果をもたらしたに相違ない。

かくて、しなやかにしてしたたかな終戦前後の宮中の一端を読み解くための基本テキスト『終戦日記』は二十一世紀に残される貴重な遺産となるであろう。

❖我と日本の敗戦を見つめるまなざし

『徳富蘇峰終戦後日記「頑蘇夢物語」』（講談社）

徳富蘇峰［著］

戦後六十年以上が過ぎた。しかし未だ戦後は終わらない。くり返しくり返し〝あの戦争〟は、国の内外を問わず問題にされる。これだけ長く戦後が続くと、終わらない「戦後」についても国民の評価は変わらざるをえない。いわんや〝あの戦争〟においてをやだ。

戦後を長く支配してきた歴史観に疑問符が付され、今や二十世紀の日本の歩みに関しては、百家争鳴の趣なしとしない。若い世代について、一方で歴史離れが指摘されるとともに、他方で新たなナショナリズムの覚醒が想起される状況になりつつある。

いわば歴史のダイナミズムを実感することを、国民が欲し始めたちょうどその折に、超弩級の『日記』が、それこそ戦後初めてお目見えすることとなった。かの近代日本の言論人として勇名を馳せた徳富蘇峰が、百年後の日本のために遺したと言われる『頑蘇夢物語』と題する渾身の力をこめた一作である（以下、『日記』と呼ぶ）。私は、四百ページを優に超える蘇峰の日記を、一気に一晩で読み終えた。あたかも蘇峰百年の気迫に一挙に寄り切られたの感がある。

折から、私の勤務する東京大学でも、文科系・理科系を問わず教養学部一、二年生むけに、「戦後史」をテーマとする「近現代史」なる講義を提供することとなった。蘇峰のこの『日記』は、恰好のテキストになるのではないか。その意味でも蘇峰の『日記』との出会いは運命的であった。

もとより蘇峰研究者にとっても、この『日記』は垂涎の的であろう。言論人としての徳富蘇峰は、自ら認める如く、否それ以上に、悪評のみ高く、研究対象としても批難論難のために言及されることが、ごく普通に行われていたのだから。ちなみにある人物事典では「明治・大正・昭和の三つの時代に常に時流に乗って指導的役割を果たした言論人である」と評価されている。今なおこれが平均的評価と見なして差し支えなかろう。

もっとも数少ない蘇峰研究者が、膨大な数にのぼる蘇峰書翰及び蘇峰宛書翰の解読を通じて、蘇峰像の修正に努めつつあることも事実だ。それにしても百年近い蘇峰の生涯を貫く、万巻の、と言ってもよいほどの膨大な著作群の全容を明らかにする作業は、未だ着手されていないといっても過言ではない。この全容の解明をなしとげて初めて、蘇峰は近代史研究のタブーから解放されることになろう。

こうした、複層的ともいえる蘇峰の全体像に一挙に迫る恰好の作品として、この『日記』は姿を現わした。同時にそうであるからこそ、「戦後史」という、より広いレベルに還元しての解釈を可能にすることとなった。そこで私は、「戦後史」の枠組の中に蘇峰の『日記』を位置づけ、これを読み進めるためのガイドラインを明らかにしたい。

まずもってこの『日記』は、通常の意味での日記ではない。戦後の混乱した生活の実態やGHQに左右される政治や経済の右往左往ぶりを書き記し、それに自らの印象を綴るといった、最近公刊が続く知識人たちの日記とは、およそ趣を異にしている。端的に言えば、「なぜ〝あの戦争〟に負けたのか」を、日々追究する試みに他ならない。だからこそ本書冒頭に、蘇峰は次のように書いている。「昭和二十年八月十八日、即ち、今上天皇御放送の後三日目の朝書き始む。これは順序もなく、次第もなく、ただ予が現在の心境に徂来《そらい》する事を、そのまま書き綴ることとする」(二一ページ)

蘇峰はここで自らの戦争責任を明確にする。毎日新聞社賓、言論報国会、文学報国会などすべての役職を退き、「かくて予が操觚者《そうこ》たるの六十余年間の幕は、これにて下ろした事となった」(三〇ページ)と記すのだ。

その上で〝あの戦争〟に全面協力した蘇峰は、その立場を少しも変えることなく敗戦に至るプロセスを検証していく。しかも今や自由な言論の公表を封じられた言論人としての自覚を持つ。そこで新聞や世論に現われる時々刻々の〝あの戦争〟に関する議論を「敵」と定め、その不当性を明らかにするといった方法をとる。およそ天下の議論は、すべて否定されねばならないのだ。では蘇峰の議論は、何から始まるのであろうか。まごうかたなく、それは「皇室中心主義」の確認からに他ならない。

「皇室」、「国家」、「国民」の三者を切り離すことなく、いわば三位一体と捉えることからの出発である。「皇室を離れて日本国の存在もなければ、日本国民の存在もない。同時に恐れながら、日本国家を離れ、日本国民を離れて、皇室のみが存在せらるる筈《はず》もない」(三六ページ)と蘇峰は明快に説く。だから皇室の存続のためにやむなく降伏をしたという世に広められつつある敗戦論を、蘇峰は舌鋒鋭く退ける。「この戦争は皇室御自身の戦争であり、天皇御自身の戦争である」「一家が没落する時には、家長も当然没落せねばならぬ。国民と憂苦艱難を共にし給うところに、初めてここに皇室の有難味がある」(三八—三九ページ)と。

その上で蘇峰は「自分は議論をするではない。唯だ事実を語るのである」(四五ページ)と述べて、天皇の意思と上層部の意思との相違に至る。当座は二・二六事件の青年将校による「君側の姦」という言い方を賢明にも避けつつ——もっとも天皇批判が強まれば強まるほど、「君側の姦」という表現も使わざるをえなくなるが——、「彼等は対外戦争と対内政争との相違を認めなかった」(四六ページ)と断ずる。そしてそれは「対内政争には動《やや》もすれば皇室を捲込まんとする傾向あるに拘らず、対外戦争には、全く超然たる態度を執るに至ったのは、洵《まこと》に言語道断の至りといわねばならぬ」(四六ページ)との指摘に至る。

私は、その後六十余年の時間の経過の中で明らかになった事実からして、蘇峰のこの時点でのこの指摘は、非常に的確であったと思う。さすがに明治期に政治に身を投じ、大正期以降歴史(『近世日本国民史』)を描くことに専念してきた蘇峰の眼力は鋭い。

蘇峰は九月に入って、いよいよ自らの敗戦論を展開することの意義をはっきりと見出す。それは首相以下東久邇内閣の「一億総懺悔論」に対する卒直な疑問からであった。蘇峰はこう言う。「しかしそれは、いわば一種の観念説であって、机上の空論たるに過ぎず。後世子孫にとっては、何等裨益《ひえき》する所はあるまいと思う」「失策をした時に、馬鹿とか鈍間とか叱られたとて、何処が馬鹿であるか、何が鈍間であるかという事を丁寧深切に語り聞かせねば、何の役にも立たず」(六三ページ)と。

かくて蘇峰は「何故に敗戦したるかについて、一通り意見を陳述する」(六三ページ)試みに入るわけである。蘇峰は自らの叙述方法について、科学的に秩序整然と語るのではなく、「断片的に、思い出し引き出し語る積りであるから、これを物にするも、物にしないのも、聴く人の気持ち如何にある」(六三ページ)と、あらかじめ断わっている。さすが百戦練磨の言論人たる蘇峰は、自らの議論を受容するもしないも、それは百年先の日本人読者の気持ち次第であることを念押しし、「問答無用」の蘇峰嫌いはいざしらず、多少とも耳を傾けようとする人々にだけは分かってもらいたいとの執筆の心境を語っているに他ならない。

さて敗戦論の筆頭に蘇峰があげるのは、何と昭和天皇である。この議論は、一〇〇ページあたりまで続き、なおも時折触れられ、『日記』の興味深い論争点を構成している。〝あの戦争〟には「戦争に一貫したる意思の無きこと」「全く統帥力無きこと」(六五ページ)が、日露戦争と比較すると明々白々となる。「我が大東亜戦争は、誰れが主宰したか。それは申す迄もなく、大元帥陛下であることは多言を俟《ま》たぬ。しかも恐れながら今上陛下の御親裁と、明治天皇の御親裁とは、名に於て一であるが、実に於ては全く別物である」(六三ページ)と述べた筆の勢いの赴くまま、「仮りに明治天皇の御代であったとしたならば、満州事変の如きは、断じて起らず」(七〇ページ)と断言する。ちなみに蘇峰は〝あの戦争〟を、満州事変から敗戦までと考えている。この点、いわゆる極東軍事裁判史観とぴたり合致するのは不思議だ。先まわりをして言えば、蘇峰の場合、本書を通じての天皇及び陸海軍・官僚・宮中批判の起点が、満州事変にあるからであろう。

次いで蘇峰は単刀直入に昭和天皇のあり方に物申す。「極めて端的に申上ぐれば、今上陛下は、戦争の上に超然として在《い》ました事が、明治天皇の御実践遊ばされた御先例と、異なりたる道を、御執り遊ばされたる事が、この戦争の中心点を欠いた主なる原因であったと拝察する」(七三ページ)と述べ、「恐れながら、予は客観的に、歴史家として、今上陛下について一言を試みて見たい」と宣言する。勤王家たる蘇峰にとって、天皇個人の聖人とも言うべき人格に何ら疑問の余地はない。要は天皇学の素養がありやなしやに関わるのであり、蘇峰はずけずけと次のように言う。「主上が博物学を御研究遊ばさる事も、フレデリッキ大王が、詩を作るやら、笛を吹くやらの事を嗜《たしな》んだと同様、何等我等が彼是れ申す可きではない」。「しかし天皇としての御研究、御学問、御嗜好は、決してこれらのものに限ったものではなく、またこれらのものではない。必ず他に存するものがあるべきだ」(七六ページ)と。無論これらの問題の責任は、あげて輔弼《ほひつ》の大官にあり、彼等の罪は「万死に当る」(七六ページ)と付け加えることを忘れない。

さらに蘇峰によれば、一方で議会中心主義者は「敬遠主義で雲上に祭り上ぐるもの」(八七ページ)であり、他方で現津神《あきつかみ》論者は「ただ天皇を雲の上に仰ぎ奉る」(八七-八八ページ)こととなり、「その動機は双方対蹠的であったとしても、その結果は同一」(八八ページ)たらざるをえない。天皇の悲劇はまさにこの点にあるわけだ。かくて天皇学を正しく学ぶ機会がなかったがために、「今上天皇に於かせられては、むしろ御自身を戦争の外に超然として、戦争そのものは、その当局者に御一任遊ばされることが、立憲君主の本務であると、思し召されたのであろう。しかしこれが全く敗北を招く一大原因となったということについては、恐らくは今日に於てさえも、御気付きないことと思う」(九一-九二ページ)と蘇峰は、天皇の戦争指導に臨む姿勢を問題にする。

かくて蘇峰の敗戦論は次の一文に帰結する。「熟々《つらつら》開戦以来の御詔勅を奉読するに、宣戦の大詔にすら、その文句は動《やや》もすれば、申訳的であり、弁疏的であり、従《よっ》て消極的気分が勝っているようだ」「何れの文書を奉読しても、その御気持ちが、到底最後の、降伏の詔勅を予想し、予定し、前知したるかの如き感想を、起さしむるものある」「要するに戦争そのものが、至尊の好ませ給うところでなく、何れにしても、戦争を速かに切り上げる事のみに、軫念《しんねん》あらせ給うたることは、草莽《そうもう》の我等にさえも、拝察し奉ることが出来る」（九三－九四ページ）と。

ここまでラディカルな天皇批判をする以上、皇室中心主義者たる蘇峰は、本書にもよく出てくる「諫争者《かんそう》」の気分を体現していたに相違ない。だからこそこれらの責任はすべて「君側の姦」にありと付け加えることにより、蘇峰は天皇個人ではなく君側を攻撃するという伝統的スタイルに則ることを忘れない。

もっとも蘇峰が批判したこのような昭和天皇のあり方が敗戦直前まで続いていたことは、前述したように、天皇の侍従を勤めた徳川義寛の『徳川義寛終戦日記』（朝日新聞社、一九九九年）に明らかである。宮中は『非常時』にあり『危機管理』を迫られていたのである。ところがこうした中にあって、天皇は水泳をたしなみ、月見を楽しむ。また寸暇を惜しんで生物学研究にうちこみ、正月には謡かるたの行事に変わることなく携わる。昭和天皇のこれら一連の何げない活動ぶりの中に、戦時においてなお平時をたぐりよせることのできる宮中のある種の余裕を見て、感嘆せざるをえない。蘇峰の敗戦論に則れば、以上もまさに批判の対象となるに違いない。

ところで蘇峰の敗戦論の二番目の対象は、陸海軍にむかう。「しかし総体的にこれをいえば、何れも物にはなっていなかった。無責任で、不統一で、投げ遣《や》りで、不能率で、同時に不熱心で、不誠意で、凡《およ》そ有らゆる「不」の字を付け加えても、尚お足らぬ程である」（一〇九ページ）と。特に敗戦前夜の陸海軍について蘇峰の議論は厳しい。「而して絶対絶命進退惟れ谷《きわ》まる瀬戸際まで、勝利勝利で国民を欺むき、引っ張って来た。而して愈々《いよいよ》駄目という時になっては、一番に弱音を吹いたのは、彼等である。而して国力が足らぬから、是非もないという た。もし初めから、国力が足らぬから是非もないといえば、何故に彼等は戦争を開始したか。それは敵から挑発したと答うるであろうが、敵が挑発しても、負けるという事を知っていたら、戦争を避ける方法も、あったかも知れぬ」（一一一ページ）。

蘇峰の議論の要点は、負ける戦争をなぜ戦ったかという点にある。彼がこの戦争を終始侵略戦争ではなく防衛戦争であり、仕かけられた戦争であると論じ、死中に活を求めて最後まで戦うことを主張していたことを考え合わせると、この指摘はなかなかに興味深い。なぜなら、先の天皇批判といい、この陸海軍批判といい、意外とも思えるほど蘇峰の筆致は、きわめて合理的な論拠を求めようとしているからだ。無論蘇峰の議論は決してそれに尽きるものではない。すなわち蘇峰の一連の主張は、時に精神論に傾倒するかの如く非合理的要素を多分に含んでいる。たとえばこの後に続く、「侵略論批判」（一三六－一四一ページ）、「人口論、地理学からする封じこめ批判」（一四二－一四六ページ）は、「皇室中心主義のさらなる主張」（一四七－一五二ページ）と相俟って、蘇峰の心情吐露に近い様相を呈してくる。もっとも蘇峰自身賢明にもある段階まで筆が及ぶとそのことにハッと気がつくのだ。だから次のように弁明をし、読者に自らの言論人としての業《ごう》の深さを、そこはかとなく分かってもらいたかったのではないだろうか。

「以上は頑張老人の熱に浮かされたる譫言《たわごと》である。何人も真面目に読む者はあるまい。しかし譫言は譫言として、言うからには、根も葉もない事を喋ったものではなく、予《かね》て肚《はら》の底に考えた事を、病熱に乗じて喋り出したかも知れない。要するに、真面目に読むべきものでもなければ、真面目にその文句を捉えて、論議すべきものでない事だけは、改めてここに断わって置く」（一五三ページ）。

しかしそうは言ってみたものの、やはり蘇峰の思いはつのるばかりでもある。そこでまた堰を切ったように議論は再開される。「朝鮮・台湾論」（一五三－一五七ページ）もその一環とみなしてよいだろう。そして九月末から十月初になると、GHQの動きの活発化、さらには日本政府の対応の明確化など、現実の戦後政治との関数の中で、蘇峰の敗戦論は展開されていくことになる。「看板の塗替」（一五七－一六二ページ）において、日本側の要路の人たちの変わり身の早さを嘆いた蘇峰は、返す刀でGHQによる日本の物的去勢より以上に危険な「日本の心的去勢」（一六二－一六四ページ）に警鐘を鳴らしている。

そこでまた議論は再び天皇に戻る。これはおそらく、天皇の戦争責任問題が浮上してきたことによるものであろう。「畏れながら大元帥陛下も、殆どこの戦時中は、戦争は御関係があらせられないように、見受け奉った。畏れながら陛下の大元帥として御持ち遊ばさるる御稜威の、総てというではなく、大部分が二重橋の内に封じ込められていたことに恐察し奉る」(一六六ページ)。

確かに昭和天皇は、〝あの戦争〟が始まって以来、宮中深くに封じこめられていた感がある(参照、拙著「東京人としての昭和天皇」『江戸・東京を造った人々2 文化のクリエーターたち』ちくま学芸文庫、二〇〇三年)。蘇峰は時に君側の責任を口にしつつも、くり返し論ずるに連れてそれが実は天皇自身の本意ではなかったかとの方向に、一歩を踏み出していく。そして蘇峰の筆致は、九月末の天皇のマッカーサー訪問により、怒髪天を衝く勢いとなった。

「ただ今日これだけの御奮発を遊ばさるる程であったらば、大東亜戦争中に、二重橋以外に出御ましまし、親《みずか》ら大本営を設けさせられ、恰《あた》かも明治天皇の広島に於けるが如き、御先例に則らせ給うならば、如何程それが戦争に影響したかという事を考え、洵《まこと》に恐れ入った事ではあるが、遺憾千万といわねばならぬ」(一七〇ページ)。

蘇峰は、幣原喜重郎や吉田茂が我が世の春の如くふるまうのは許せるが、つい昨日まで戦争に関与していた者が上も下も本意でなかったようにふるまうのを潔しとしない。だからこそ、また天皇のふるまいへの批判が強まってこざるをえないのだ。「恐れ乍ら大元帥陛下も、今日では万事東條がやったように仰せらるるが、宣戦詔勅の御発表になった前後に於ては、まさか一切御承知ないということでもなく、また必ずしも御反対であらせられたとは、拝察出来ない。若し御反対であらせられたとしたならば、かかる詔書に御名御璽《ぎょめいぎょじ》の据わるべき筈はない。宣戦媾和の大権は、至尊の大権中の重《お》もなる一である。まさかそれを御忘却あらせられたとは、拝察が出来ない」(二二八ページ)。

さらに今一度蘇峰は、天皇の譲位問題の決着にからめて次のように述べている。「これは東條一任だ、朕が関知したる所でないと、仰せらるる事は、帝国憲法の真義に照らして、認めらるべき事ではない。日本の憲法では、かかる小刀細工は、承認せらるべきものではない。これらの手数を掛けんよりも、むしろこの際は御譲位の方が、御賢明の措置であるかも知れない」(二四〇ページ)と。何とここに至って、蘇峰はついに天皇を叱りつけるかのような雰囲気を醸し出している。これまた蘇峰によるきわめてラディカルな天皇批判以外の何ものでもありえない。

ここから蘇峰の筆の勢いは、世間でも話題にされ始めた軍の腐敗と堕落《だらく》に対する批判へとむかっていく。そもそも敗戦の責任をとって、一、二の例外(阿南陸相、大西中将)を除き、軍首脳が自裁しない事実に、蘇峰は釈然としなかった。そこで杉山元の自殺と東條英機の自殺未遂について、蘇峰はこう述べる(一九三－一九四ページ)。「自分は将軍の将官中で、最も感心しない一人が、杉山(元)元帥であった」が、夫人ともども立派に死んだことで、「世間も実は意外に思った。意外というは、杉山としては、出来が良かったという事である」と。ところが東條は未遂に終わってしまった。蘇峰の評価は以下の通り。「初めから死なぬ積りで、敵の法廷に引出され、堂々とその所信を陳述するも、亦た一の方法である。ただ彼が如く、その中間を彷徨したる事は、少くとも杉山元帥に比して、頗《すこぶ》る見劣りのする事を、遺憾とする。せめてこの上は、自ら法廷に出て、立派な振舞をして貫いたいものと思う」

蘇峰は、これ以外にはっきりと南方軍の板垣征四郎、フィリピン軍の山下奉文、仏印の寺内寿一などを自裁の対象にあげている(二一七ページ)。そうこうするうちに軍人の責任問題に加えて、陸海軍の腐敗の問題に焦点があてられる。蘇峰は次のように指摘している。「およそ我が陸海軍の将官級の人で、恩給を貰って、その上に民間事業会社の顧問とか、重役とか、あらゆる金儲けに関係していない者は、ないとはいわぬが、むしろ少ないというべきである。彼等は普通の商売人以上に、よく稼いでいる。また現役の連中でもこの点では相当なものである」(二一八ページ)と。こうした軍人の恒常的腐敗の上に、敗戦時には軍需品の山分けという末期的症状が示される。今一度蘇峰の言を引いてみよう。「兎《と》に角《かく》軍は、必要以上にあらゆる物資を取り込み、愈々《いよいよ》終戦となれば、それを立派に返納するが当然であるのに、しかすることをせず、宜《よ》い塩梅《あんばい》に、それを銘々が山分けして、その余瀝《よれき》が、兵士に迄及んだものであろう」(二二〇ページ)。

軍という組織は、こうして崩壊の一途をたどる。蘇峰はこれ以後も、新聞報道があるたびにその切り抜きにコメントを加える形で、「戦争の最後に於ける、彼等の振舞」(二九三ページ)を批判し続けた。「軍人の火事場泥坊」(二九六ー三〇八ページ)は、蘇峰にとって「言語道断」の事態に他ならなかったからである。

あまつさえ「軍人精神の堕落」(三〇八－三一六ページ)、「国民は軍を買い被る」(三六一－三六六ページ)、「山下大将に死刑宣告」(三七二－三八〇ページ)、「皇軍を愛せる予の幻滅」(三八〇－三九三ページ)と、しばしば軍人精神のあり方に言及し、山下奉文のフィリピン残虐事件の公判における態度を例にとっている。「彼は頻《しき》りに自ら無罪を主張し、自分は全くそれに与《あず》かり知らなかったという事を、弁解している」(三〇八ページ)。「一方ではその責任を上官に帰し、他方ではその責任を部下に帰し、独り責任を遁《のが》るるは山下丈《だ》けという事になるが、これで山下当人は満足であるか如何」(三六四ページ)と、蘇峰は問う。そしてGHQが発表した『太平洋戦争史』や新聞報道を論拠とし、割引いて評価する必要性を考慮しながらも、山下無能説を肯定する。その上で「日本の士道では、ある時には上司の責を己れに帰し、ある時には部下の責を己れに帰し、ある時には他人の責を己れに帰し、所謂濡衣《ぬれぎぬ》を乾さぬ所に、日本の士道なるものはあった」(三七三ページ)と説くのである。

蘇峰はここでまた天を仰いで嘆息する。「予は今ここに一大懺悔する。それは我が皇軍を買被っていた事である」「しかし乍《なが》ら、これ程迄とは思わなかった。実に我が皇軍は、骨の髄まで、腐っていたのではないか」(三二〇ページ)。しかし蘇峰の一連の指摘は、戦後六十年をへた今、再び機能不全をおこしつつある官僚及び官僚的組織のあり方に、これまたピタリ当てはまるではないか。思いもかけず、ここでは蘇峰の議論のある面における普遍的妥当性を確認することにもなった。

蘇峰の敗戦論の第三のターゲットは、近衛文麿、木戸幸一、東條英機ら〝あの戦争〟に深く関与した政治家である。十月初めの、近衛が内大臣府出仕となり内大臣木戸幸一と相談の上、憲法改正を行なうとの報道に接して以来、蘇峰は舌鋒鋭く、この三者に迫ることとなった。

「抑も現在で、社鼠《しやそ》城狐《じようこ》の魁《さきがけ》というべき者は、近衛と木戸である。この両人が内外相応じ、表裏想相照らし、遂に主上を眩惑《げんわく》し奉り、以て今日を来したものである。若し世に君側の姦というべきものがあらば、この両人が巨魁であらねばならぬ。初め東條の如きも、木戸と結託していたが、何時の間にか木戸に売られて、遂に果《は》かなき最期を遂げた」(二六二―二六三ページ)。

「日本を敗戦に導いた臣下の中では、右に東條あり、左に近衛ありというべきであろう。臣下中に於て責任者を挙ぐれば、この両人が横綱であることは、天下の公論である」(三九四ページ)。

近衛を間に、木戸と東條も円環状に結びつけられていることがわかるだろう。そこでこの三者に対する蘇峰の評価を順番にあげていこう。まず木戸について。「彼は後漢の朝廷に於ける十常侍《じゆうじようじ》の類で、実に虎の威を借る狐である。彼れの程の奸物は、明治以来未だ曽て、その比を見ざる所である。しかるに天下を挙げて、彼に一指を触るる者も無く、袞龍《こんりよう》の御袖《おんそで》に隠れて、勝手に威福《いふく》を逞《たくま》しくしつつあることは、実に恐れ入たる次第である」(二六三ページ)。中国史と比較しながら、木戸の罪状を、蘇峰は抽象的に述べている。

近衛については、西園寺公望(政治的養父)と近衛篤麿(血縁的実父)との対比において、あたかも列伝風にその政治家としての生涯を簡潔に論じた「近衛公に対する期待と失望」(三二五－三三五ページ)の一編が、六十年たった今日の眼から見ても、よくまとまっているし、言いえて妙である。少々長めではあるが、次に紹介しておこう。

「而してその成長したる近衛公は、ある時には篤麿公の政治的相続者であるが如く、ある時には西園寺公の政治的養子であるが如く、つまり実父と養父との間を、常に往来しているような傾向であり、その為めに近衛公の政治的生涯は、何れとも判断し難く、自由主義者から見れば、自由主義である如く、国権主義者から見れば、国権主義である如く、東亜的政治家であるかと思えば、世界主義者の如く、また世界主義者であるかと思えば、東亜主義者の如く、今日に至る迄、何人も近衛公の政治的戸籍を、確定し得る者はあるまい」

「近衛公は、兎《と》に角《かく》初物好きである点は、実父にも養父にも見出し難き、その特色であろう。例えば国民再組織などというような事、若くは大政翼賛会などというような、団体を作る事は、近衛公が発案者でないとしても、皆《ママ》なその実行者であった。また防共協定や、三国同盟も、近衛公の内閣時代に行われたものであることは、周知の通りである。これらの点からいえば、公はその養父西園寺公よりも、その父篤麿公の衣鉢《いはつ》を、継いだものといっても差支えあるまい。しかし乍ら、いざとなれば公は必ず遅疑逡巡する」

「ここに近衛公の弱点といわんか、特色といわんか、殆《ほとん》ど実父にも、養父にも、見出し難き、一種の物がある。それは即ち六七分迄は平進し、軽進し、時としては猛進しさえもする。しかるにそれ以上となっては、低徊《ていかい》遅疑、一歩は前に、一歩は後《しり》えに、遂に自ら途方に暮れる事が、屡々《しばしば》である。昭和十二年の支那事変の時がそれである。昭和十六年の日本対米英交渉の時が、それである」

同時代人として近衛を月旦する蘇峰の一文は『近世日本国民史』で鍛えた歴史家のまなざしをじっとこらし、一挙に近衛の全体像を捉えるべく書きおろした点において、「みごと」の一語に尽きると言わねばならない。この立場から近衛を敗戦論の文脈において、次のように批判する。「若し近衛に咎《とが》むべき点があったとしたなら、彼は戦争遂行の献立を為しつつ、何故に自らその責に当ることを逃げたか。更に一歩に進めていえば、彼は何故に戦争中、戦争反対側の、隠れたる首領となり、その遂行の勢力を分散せしめ、摩擦せしめ、消磨せしめ、一口にいえば、その遂行の妨害を、徹頭徹尾なしつつあったかという事である」(三四七ページ)と。近衛のマッチポンプ的行動を、蘇峰は許し難いと断言するのである。ちみに戦後、原田熊雄から近衛が帝国憲法の研究をしていると聞き、次のように蘇峰が述べたことは、まさに近衛の政治家としての資質を言いあてている。「帝国憲法の研究などは、学者に一任してしかるべき事だ。近衛公に必要なるは、政治家の識見、抱負、胆略、手腕等である」(三四八ページ)。

最後に東條である。蘇峰によれば、近衛よりは若干人間の評価という面で高い。「世間では東條大将のことを、悪玉の標本と見ているようだが、我等は左様には考えない。彼は比較的、腐敗したる日本の軍人としては、むしろ腐敗せざる一人であり、去勢せられたる日本の軍人としては、むしろ去勢せられなかった一人である」「しかし軍国の大事を背負って立つ、大宰相としては、全く落第点以下である。東條その人を、敗戦の重大なる責任者とする事については、遺憾乍《なが》ら我等も不同意をいう訳には行かない。しかしその為めに、彼れの動機まで咎《とが》めて、心からの悪党と見做すは、事実に反している」（三五二―三五三ページ）。

そこで明治以来実際に面識のあった軍人政治家と比べて、東條がいかなる人物であったかを、蘇峰は明快に説いている。「予は長き政界の、裏面に於ける経験に於て、多くの日本に於ける人物を、知っている。山縣公などは、世間でも、徳川家康と称し、最も近付きにくき人であり、如何なる親しき者に向っても、その胸中の扉を、開いたことはないという噂であった。しかし予は山縣公から、別段信用せられたとは思わなかったが、相当の事迄は、話して呉《く》れた。桂公とは、同じ竈《かま》の飯を食う程であったが、世間では桂は嘘つきと評判したが、予は未だ曽て、桂公から欺《だ》まされた事は、ないと思う。これに反し、東條首相は、予に対しても、恰《あた》かも議会の委員会に於て答弁でもするかの如き態度を以て接した。腹心を披《ひ》らくこともなければ、況《いわん》や赤心を他の胸中に置くこともない。その為めに、予は東條首相によって、何一つこれという軍国の大事を聞くことを得なかった」（四〇五―四〇六ページ）。

山縣や桂と比較した場合、東條はやはり悪しき官僚の態度そのものであり、とても政治的軍事的リーダーシップを託するにふさわしくないことが分かってくる。

かくて蘇峰の「敗戦論」は、十二月蘇峰自らが、A級戦犯容疑者に指名され、新年を迎えたところで一まず筆を擱《お》くことになる。無論本書全体の迫力から分かるように、蘇峰自身はやがて来たるべき極東軍事裁判で、正々堂々真正面から日本の立場を述べる覚悟でいた。こうした面での議論も本書にしばしば取り上げられているのは、言うまでもない。さらに、重光葵、鳩山一郎、馬場恒吾らに言及した箇所、毎日新聞との関係をふり返った箇所など、いずれも蘇峰らしくユニークで面白い。

筆のたつ八十歳を超えた言論人蘇峰の本領は、それでも〝あの戦争〟を敗北たらしめた原因の追究に他ならない。昭和天皇、近衛文麿、東條英機、木戸幸一といった指導的人物に対する歯に衣きせぬ遠慮会釈なき批判は、右のラディカリズムが、時と場合によっては左のラディカリズムと同じ主張に導かれることを暗示している。戦後六十年、何となくすっきりとしなかった戦争責任論に、蘇峰は一つの道筋を示している。しかも戦後何十年もたってからではなく、まさに戦後史が始まるという同時代的視点に立って、自らの意見を正直に述べた点において、本書の価値はゆるぎなきものであると言えよう。

それにリズミカルで独得の調子をもつ文体もまた本書を読みやすくする効果をもっている。これを読んで蘇峰の魅力をあらためて確認することができた。「蘇峰さん、好きです」と言ったら、彼は何と応答するであろうか。

❖去りゆく昭和を看取った最後の「オク」の住人

『昭和天皇最後の側近　卜部亮吾侍従日記』

（朝日新聞社）

卜部亮吾［著］　御厨貴・岩井克己［監修］

卜部亮吾は、果たして有能な宮中官僚だったろうか。

人事院から、昭和四十四（一九六九）年に四十五歳で宮内庁入りし侍従となり、五十六（一九八一）年に五十七歳で侍従職事務主管となり、平成三（一九九一）年に六十七歳でその職を退く。以後も、侍従職御用掛、皇太后宮御用掛、財団法人菊葉文化協会常務理事、香淳皇后大喪の儀祭官長を務めた後、十四（二〇〇二）年、七十八歳で逝去。

その半生を宮中・皇室に捧げた。無論、長さだけから言えば卜部よりも在任期間でまさる人物はいる。しかし卜部の特色は、自らを宮中・皇室の中間管理職としてはっきりと位置づけ、オモテの宮内庁長官・次長の系列と、オクの侍従長・次長の系列とをつなぐ転轍手《てんてつしゅ》の役割に徹したことだ。旧華族出身ではなく、警察・自治といった旧内務省出身でもない卜部は、理に勝ちすぎず、情に流されず、いわゆる一般の官僚組織において勤めるのと同様の役割を担うべく試みた。侍従といえども人なり、侍従職といえどもサラリーマンなり、気負わず、てらわず、平常心を失わずに勤務しようというのが、卜部の身上であった。

だから卜部は「日記」を付けたのだ。いや逆に「日記」からは、そんな卜部像が浮き彫りにされる。もっとも、入江侍従長(『入江相政日記』全六巻、朝日新聞社、一九九〇-九一年)、最近では富田宮内庁長官(『富田日記(メモを含む)』、『日本経済新聞』二〇〇七年五月一・二日「富田メモ研究委員会検証報告」)ら、昭和天皇の側近の「日記」が公開されるようになった。そこで秘すべきことが多いはずの宮中・皇室関係者にあっては、そうした「日記」の公開は厳に慎むべしとの意見もある。もっとも本日記は、生前の卜部が、朝日新聞の岩井克己記者に発表を託したものだ。それでも一般論として、たとえ付けていたとしても引退後は焼却するのが望ましいとする慎重派は少なからずいるであろう。

私は、『徳川義寛終戦日記』(朝日新聞社)、『富田朝彦日記(メモを含む)』、それに『卜部亮吾侍従日記』の三者の日記の研究と監修とに直接関わった経験から次のような結論を下している。確かに宮中・皇室は秘してこそ存在価値のある特別の制度である。また公的領域と私的領域とが微妙に触れ合う職分を有する。加えてそれこそ近代以前からの伝統と有職故実に満ち満ちた世界である。しかし同時に戦後の大衆天皇制の演出がもたらした効果により、常に宮中・皇室以外の世界と、何らかの形での接触と情報発信を必要不可欠とする宿命を負ってしまった。今やマスコミなしの宮中・皇室は考えられない。したがって時にそれは、噂とゴシップの恰好の餌食ともなるのだ。

こうしたアンビバレントな状況にあって、二十一世紀の宮中と皇室の行く末を考慮した場合、当事者の償却の意図の有無に関わらず、形として残されたものであれば、できる限り公開すべしと私は考える。それは不正解かつ不明瞭な宮中・皇室関連情報だけでは常に臆断がつきまとい、絶対に天皇と皇室の依って立つ基盤を盤石にはできないからである。特に昭和天皇の場合は「一身にして二生を生きる」と言ってもよいほど、帝国憲法の規定する天皇から現行憲法の規定する天皇へと、劇的な変貌をとげたのだから、真実の姿に可能な限り迫らねばなるまい。

かつて「東京人としての天皇」をテーマに、昭和天皇について書いたことがある(前掲『江戸・東京を造った人々2　文化のクリエーターたち』)。生まれついての天皇と、東京との様々な相関関係が紡がれた後、昭和四十年代前半になると、両者ともにとまどいの様相を呈するに至る。それは一方で「一極集中」と化す東京の膨張と変容は止まることを知らず、あたかもうわばみの如くのたうちまわり始め、他方でいささか脹れ上がり気味の公務や行事をこなす昭和天皇自身に、知らず知らずのうちに〝老い〟が忍び寄って来たからだ。

では昭和天皇の生涯を、どのように東京との相関関係において捉えられるのか。それはまず関東大震災と帝都復興、次いで東京大空襲と敗戦、さらに新憲法と東京から地方への巡幸と戦後復興、そして高度成長と東京オリンピックといった如くである。しかしすでに述べたように、古稀を迎える昭和四十六(一九七一)年前後から、天皇は前代未聞の〝老い〟との戦いを開始せねばならなかった。

天皇は国民統合の象徴とはよく言ったもので、実のところ、高齢化社会を一歩先取りした形で、昭和天皇はこの後の二十年をすごす破目に陥る。それは天皇と側近だけが知る孤独なドラマであり、息詰まる戦いに他ならなかった。そもそも退位規定がないのだから、昭和天皇は生涯現役のまま、日々の公務と行事を勤め上げなければならない。高齢化社会の実状の前に、今こそ我々国民はその大変さに翻弄されているが、当時において我々は〝老い〟と戦う天皇をまったく実感できずに傍観者たり続けた。だが天皇は一方で高齢化を克服してなお現役たり続けようと努力すると同時に、他方で持ち前の記憶力から常に過去の自分との対話を始め、自らの歴史的役割をくり返し反芻することになる。

片や「公務の王様」として、こなた「記憶の王様」として、昭和天皇が〝老い〟との戦いを始めたちょうどその頃に、卜部は宮中入りした恰好になる。卜部があらかじめ、こうした天皇の〝老い〟との壮絶な戦いを想定していたとは思えない。そもそも宮中・皇室自体が、このことを真剣に考えていたとは言い難いのだから。

だが結果として卜部は適材適所であった。卜部は早速四十五（一九七〇）年から「日記」を付け始めるのだから。人が「日記」を付ける理由は様々だ。入江侍従長の「日記」は、彼の文の人（徳川侍従長が武の人であったとの対照的）としての性格を反映し、彼が設定した古式ゆかしい円窓のむこうに見える世界を、虚実とりまぜて情感たっぷりに描き出している。近代以前の貴族文化を継承したかのような書きぶりである。これに対して富田宮内庁長官の「日記(メモも含む)」は、知られざる世界に突如放りこまれた武骨な警察官僚が、一から宮中・皇室の世界の来歴を学習し、少しでも昭和天皇を理解しようとする試行錯誤の記録に他ならない。そこに彼なりのコメントが付されることになる。しばしば心のゆらぎがそのまま書かれているものの、複層的な日記構成の中で、あたかも二重窓、三重窓にしつらえた所に映る風景を、誠実に記している。

さて真打の卜部である。記載の仕方は、初期の一、二年を除いて一定である。四半世紀にわたって、市販の日記帳の枠の中に、きちっと納まるような書き方なのだ。各日各週各月の記載量がこれほどまでに一定で、しかも一日も記述を欠かしたことがないのは、他に類例を見ない。普通は欠落やまとめ書きがあるものだから。だからそれは〝代がわり〟を迎える昭和六十二―六十四(一九八七―八九)年の、それこそ危機管理下の宮中・皇室にあって、なお卜部ができる限り冷静にコトを運んだことの証となるに違いない。

倦まず弛まず書き続けたことを私は評価する。恐らくは晩年の卜部にとっては、日記を書く行為そのものが、彼の習慣となり、いやそれ以上に血肉化していたと思われる。卜部が設定したのは普通の枠取りをした窓で、いかなる時も淡々と彼が観察し処理した世界が、あたかも巻き物を操るように、きのう・きょう・あしたと記述されていく。本当にそれは、組織を生きることを運命づけられたサラリーマンの日記そのものだ。戦後を懸命に生き抜いてきて、気がついてみたら人事院から宮内庁への人事異動だ。組織人・官僚として四十歳は、これから花という時期だ。さあ、何から始めるか。

もちろん二十年余の日記だから、書きぶりに微妙な変化なしとしない。しかしそれはマイナーチェンジだ。侍従職になってすぐは、眼前に広がる宮中・皇室の世界のすべてがめずらしい。卜部は好奇心の塊と言う程ではないものの、春夏秋冬、毎年行われる宮中行事に出会うたびに、あたかも四季の歌を奏でるかのように、丁寧に時間の経過と共にその実態を記していく。また皇族、旧皇族、外国人賓客へのアプローチについても、そのあり方を確実に書きこんでいく。あたかもそれは昭和天皇をめぐる「歳時記」となり、宮中・皇室の公務・行事をめぐる「文法書」の体裁をとることになる。また昭和天皇の「御質問」もそのたびごとに抜き書きし、「お答え」ともども正確を期すように書いている。こうした特記事項も、卜部が数年を経てこの組織に慣れてしまうと、日記の叙述の中に、格別のことなく溶けこんでしまう。

平均的な日記の一日を記してみよう。まずは起床時刻だ。次いで天気の状況。これらを飛ばして、いきなり登庁時刻のこともある。宿酔いだったり、眠れなかったりはちゃんと書きこまれている。登庁経路についても、バス、電車、車、こみ具合、急行に乗れたか否か、自らへの観察は細かい。あと特徴的なのは、食事についても朝・昼・夕、それに間食を含めて、簡潔な記入が多い。

侍従職事務主管の時代は、天皇、それに長官や侍従長の指示や相談事項をなるべく一行以内に、多くても二行程度で見事に書き留める。時に主語なく、体言止めはおろか、「と」「を」といった語のまま、次の話題に移るのもしばしば。短い文体の連続で、実は日記のリズムが作られている。これは見事だ。卜部のポキポキ音のなるような日記の文体は、流れるように読み進められるという点で優れている。後になって自分が「歳時記」や「文法書」として読み返し、ポイントをつかむのにも実に楽である。その意味で卜部の日記は徹底した「実務」日記なのだ。

しかも卜部がこれは大変だ、あるいはこれはひどいと感じた事柄については、これまたピンポイント的に、一行程度でコメントが付されている。一行コメントだから表現はあれこれ持って回った言い方にならず、そのものズバリ直截だ。こうした点こそ、宮中官僚の面目躍如といえる。

しかし卜部はまたこよなく酒を、そして酒席を好んだ。まっすぐ家に帰っても必ず「ビール」。そしてやはり中堅どころとしての自覚が出てきてからは、内部の人達と、そしてまた外部の人達と、潤滑油よろしくほぼ毎日夕方は酒三昧だ。特に卜部はビール党でビールを愛飲している。ミュンヘン、ライオン、ニュートーキョーといったビアホールの名が、丸ノ内、銀座、新橋、渋谷の地名と共に連日のように日記に踊る。場所と建物とジョッキの姿がはっきりと浮かび上がってくるではないか。

飲みながらもしっかり家族のことは忘れない。マイホームを入手するための金策に走り、妻と子供たち、そしてやがては孫たちまでをかわいがる卜部の姿に、戦後復興から高度成長期を生き抜いた戦中派サラリーマンの像がくっきりと重なる。昭和五十八(一九八三)年のテレビドラマ『金曜日の妻たちへ』の舞台となった田園都市線沿線に住んでいたのだから、なおさら時代を感じることができよう。

つまりこの日記は、宮内庁というちょっと普通ではない役所に勤めているサラリーマンが、営々としてつけた日記という点に特徴がある。だから今流行の江戸時代の役人の日記と比較すると興味深い。中間管理職を一生懸命勤め上げる役人の類型化は、こうした江戸時代の役人との比較からこそ可能になるであろうから。また家族と共に楽しむテレビや映画や本などは時代を映す鏡として、社会風俗史的意味があろう。さらに時折示される会費やものの値段などの記載から、宮内庁役人の金銭感覚が分かることも、この日記を通底する面白さの一つだ。

二十年、全五巻にわたる大部の『卜部日記』の通時的意味は、以上に尽きる。くり返すが卓越せる社会的効用があるということだ。この効用については、『富田日記』はおろか『入江日記』も、はるかに及ばないであろう。ではいわゆる昭和天皇を始めとする皇族の肉声についてはどうか。彼等の肉声の記述をもって、オーラル・ヒストリーならぬオーラル・レコードと考えると、この点に関しては『卜部日記』の効用は明らかに下がる。オモテとオクのトップには、その手の情報量では到底及ばない。

しかしクロスチェックをすると、特に昭和六十一—六十三年の天皇の危機管理過程においては、双方の日記に双方の名前と相互連絡の様子がはっきりと書き込まれている。したがって病に倒れてからの昭和天皇の病状把握は、卜部の「御病気関係記録」を含めて、双方の日記でほぼ明らかになったと言えよう。

ただ富田と卜部の同時期の記載をずっと追っていくと、あたりまえかもしれないが昭和天皇によるある程度意図的な情報コントロールがなされていることに気が付く。日常の実務については、それこそ天皇の一挙手一投足に関する事柄から、「御質問」や「公務軽減問題」、さらには「記念事業簡素化問題」など、宮内行政の範囲と思われることについてまで、昭和天皇はまったなしで卜部と連絡をとることがしばしばだ。これらは卜部らが宮中の慣例やしきたりを古い文書の類から調べ上げ、またトップとも相談しながら決めていける性質のものである。昭和天皇は時に不満をもらしたり、異議を唱えはするものの、卜部らは「行政裁量」の範囲内で天皇を説得したようである。しかも卜部は日記を見る限り、この手の裁量権の行使と決断を最も得意としていた。

これに対して、宮内庁幹部の人事を始め、皇族の身辺問題、また昭和天皇及び皇族の「政治」や「歴史」の認識、及び外との関連の問題になると、これは一挙に「政治」上の争点となる。昭和天皇も悩んでは、オクとオモテのトップの意向を打診する。しかもことは政府・自民党をもまきこんで拡大していく。「政治」的争点化についての実例をここであげておこう。

昭和五十七(一九八二)年七月八日付『入江日記』にこうある。「この間の皇族の会議では富田長官罷免を論じ、二月前に宮沢官房長官に高松より電話。ほつておいたら麻生、田中六助で又来た由。すべてその非を例を挙げて語つておく」。果たして何のことか。実は同年七月九日付『卜部日記』にもこうある。「侍従長からの話　侍従次長と一緒に承わる。翁［久次郎・内閣官房］副長官からの話で先般の皇族会議の主題は富田長官追い出しだとか　麻生や田中（六）などが動いているとかまさにお上のお気持ちを逆なでするような話　断じてはね返すべし」

推測されるのは、真偽はっきりしないものの、富田宮内庁長官の辞任話が一部で急浮上し、それに高松宮が関与して宮澤喜一官房長官に連絡をし、宏池会の田中六助らがその線で動き出しそうになっているということだ。これに対して翁官房副長官から注意せよとの連絡が入江侍従長の耳に入り、入江はコトの大きさから徳川侍従次長同席の下で、中間管理職たる卜部侍従にもコトの一端を伝えたのである。昭和天皇はもちろん宮内庁長官の政治がらみでの辞任などまったく望んでいないので、宮内庁はオクもオモテも一体となってこの動きを阻止しようとしたということだ。

しかし何故このような策謀めいた動きが生じたのか。それは昭和天皇・皇后を含めた〝代がわり〟が、昭和五十年代後半に入ると切実な課題として認識され始めたことによる。それこそ六十年ぶり、一世紀に一度の〝代がわり〟を如何にスムーズに進めるのか。「政治」が介入するとすれば、この時をのがして他にはあるまい。『富田日記』の公開部分では、〝代がわり〟前の富田長官辞任がほぼ決まった昭和六十三（一九八八）年三月七日付日記（メモ）で、後藤田前官房長官は富田にこう語っている。

「その后何時か君の後は役人でないのがよい等と云っていたが、なかなか難しい折、長官もしっかり陛下を補佐してと。N〔中曽根前首相〕より時折話には出た。ToK〔徳川義寛侍従長〕62・11には81。これをきっかけにと話もきいたが、しかし、9月事態が発生。11・6 Ta〔竹下首相〕へはNから、O〔小渕官房長官〕に自分から一応の引継をしておいた」

要するに〝代がわり〟を中曽根－後藤田ラインは、宮内庁長官に政治家を任命することを含めて、侍従長ともども宮内庁の体制一新により進めようと考えていたのだ。〔政治〕主導の中曽根政権らしい発想だ。竹下－小渕ラインにも〝代がわり〟の件は引き継いだが、まず徳川侍従長、次いで富田長官が替わることになる。その際、政治家長官は適任者なしで消えるわけである。これも「司司《つかさつかさ》」を信条とした竹下政権らしい決定と言えよう。

もっともこれについての富田長官の意向は、退官直前になっての昭和六十三（一九八八）年五月二十日付日記によって明らかになる。昭和天皇はこう語った。「しかし政治の妙な動きに皇室がまきこまれることのないようという長官の強い考えは分る。政治家が一つの信義に立って動き、純に考えてくれるならと思うが。後任に政治家でも来てはと思ったが長官の努力を多とする」

〝代がわり〟の政治と行政の役割がはっきりとここでは意識されている。そして『卜部日記』を見る限り、〝代がわり〟は、むしろ行政の裁量と実務の運営に委ねたことによって、想定より以上にうまくいった。すなわち政府の小渕恵三官房長官と古川貞二郎内閣主席参事官（この名は『卜部日記』にしばしば連絡役として登場する）、宮内庁の藤森昭一長官と山本悟侍従長そして卜部侍従のきわめて強い絆によって、〝代がわり〟は成功した。

だが、「政治」は「行政」を全面的に信頼していたわけではない。これまた昭和六十一（一九八六）年十月十六日付『卜部日記』には、次のようなことが記されている。「午後皇后さまの御腰痛の記者発表申し入れたところ重大発表のニュースが全国に流れ各社記者押しかける　ニュースは政府にも流れ［後藤田］官房長官から長官に照会あり　何のことだとカンカン　陛下にはお断りしたものの長官の耳に達してなかったこと」

要は宮内庁内部のミスから面倒な事態が生じたのだ。本来ならあってはならぬことだ。「政治」はこういうことがあるたびに「行政」への介入と、〝代がわり〟前の人心一新を考慮したに相違ない。そんな中で、卜部は更迭されることもなく、〝代がわり〟の実務を担った。しかし〝代がわり〟が実現してしまうと、立場が微妙になる。先帝に仕えた者は、次第に新帝関係者に道を譲らねばならないからだ。「二君に見《まみ》えず」という古式ゆかしい伝統が口の端に登り、先帝に仕えた者の仕事は、残務処理に傾斜していく。他方、新帝は意欲的に新しい宮中・皇室作りに臨む。もはや卜部の仕事は前途の希望にはなく、過去の追憶にむけられる。それは決して楽しい仕事ではなかったはずだ。

しかしこれもサラリーマンであれば誰もが経験することかもしれない。卜部のすごさは、追憶と記念の実務のために、それからの十年を蕩尽し切ったことにある。華やかな現役を退いた卜部は、昭和天皇の残光を浴びながら良子《ながこ》皇太后の最期をみとる役割を果たしたのだから。有能な宮中官僚だった卜部は、一歩退いた形でなお現役であり続けたのだ。隠居せずにここまで勤めたのは、普通のサラリーマンではありえないことであった。宮中・皇室という特別の場に触れたことにより、卜部の意識は単なるサラリーマンを超えた何かに昇華したのである。

追憶に従事したと言えば、「記憶の王様」としての昭和天皇の晩年の姿が再び浮かび上がってくる。昭和天皇は〝老い〟との戦いの中で、常にあの戦争の記憶をあらたにしていたのだから。『卜部日記』からその点を摘記してみよう。昭和五十九(一九八四)年一月十八日付で「今朝伺った『門松は冥土の旅の一里塚めでたくもありめでたくもなし』のご感想にはギョッとする」と述べている。昭和天皇のどこか滑稽さを装いながらのニヒリスティックな感覚に出会った卜部は、昭和天皇の抱える闇の深さに気付いたのだった。

さらに六十年四月十五日の日記には次のようにある。「あとお召しで記者会の御長寿について嫌なことにも出会うということはいわない方がよいかと　胸の中にしまっておいていただきたいと」。これまた微妙なやりとりだ。昭和天皇はあの戦争にまつわることを長寿の祝い故に忘れることはできず、いやそういう折に触れて思い起こし、暗い気持になるのだった。そしてできればそのことをマスコミを通じて国民に訴えたいのだ。卜部の返答は、ぎりぎりの裁量の範囲であったろう。

この手の議論で昭和天皇はくり返し卜部に迫ったようだ。卜部はその年五月二十七日の日記に、「また冥土の旅の一里塚と人間万事塞翁が馬の蒸し返し反論」と記しており、いささか辟易の体である。こうした昭和天皇のニヒリスティックな感覚があったればこそ、在位六十年、結婚五十年といった長寿を祝う記念行事の企画に対して、つねに簡素化への要求が反映されたに相違ない。

補説❶ 宮中政治家と宮中官僚を見つめた昭和天皇の本音

『卜部日記 富田メモで読む 人間・昭和天皇』（朝日新聞社）
半藤一利・御厨貴・原武史［著］

宮中政治家あるいは宮中官僚とは何か。実は昭和天皇の時代、とりわけ一九三〇年代からの〝十五年戦争〟の時代に、宮中は軍部と共に肥大化した。その結果、元老西園寺公望、首相・枢密院議長近衛文麿といった宮中政治家、宮相・内大臣牧野伸顕、内大臣木戸幸一といった宮中官僚が台頭する。宮中政治家とは明治以前から天皇を支えてきた五摂家《せっけ》九清華《せいが》の流れをくむ公家出身で、一般の国務をこなしながら、宮中とは即かず離れずの距離をとり、国務にかかわる政治的ポストを歴任するタイプをいう。これに対して宮中官僚とは、明治以降の天皇を支えてきた薩長藩閥の流れをくむ維新の元勲の出身で、一般の国務をこなすものの、最終的には宮中入りし、一般の国務とは一線を画した〝半〟政治的ポストを歴任するタイプをいう。

戦後は、元老・内大臣・枢密院議長といったポストが消え、宮内省は宮内府そして宮内庁と縮小された。当然宮中政治家も消滅する。実は宮中と昭和天皇をめぐって芦田均と吉田茂の二人の首相は対照的な立場をとる。芦田は新憲法下の宮中整備を考え、宮中の伝統に染まった松平慶民宮相と大金益次郎侍従長を一挙に更迭し、民間から田島道治を宮内府―宮内庁長官に、外交官から三谷隆信を侍従長にとの人事を断行する。昭和天皇が宮中における自らの最後の橋頭堡《きょうとうほ》と考えていた松平と大金の同時更迭に反対し不快感を催したのは有名な話だ。田島は前田多門などリベラルなグループの一員であり、昭和銀行頭取の経験もあったので、不安定な宮中・皇室財政への手腕も期待されての起用だった。

これに対して、吉田茂は戦前外務官僚としてのキャリアを終えた後、牧野伸顕の女婿としての本領を発揮し、宮中政治家・宮中官僚とのネットワークを活用していた。そこで戦後首相となるや、自ら「臣茂」と称したことに象徴されるように、宮中政治家の精神を引き継ぐべく振舞った。戦争責任、退位論、謝罪論のすべてから解放された昭和天皇像がそこにはあった。新憲法下の天皇像を模索する田島宮内庁長官らとは、微妙な対立を内包していたのである。

戦後の宮中官僚として他を圧したのは、田島の後任たる宇佐美毅である。宇佐美は内務官僚を父に、後の三菱銀行頭取・日本銀行総裁、宇佐美洵を兄にもち、自らも内務官僚出身であり、東京都教育長から宮内庁次長に就任。一九五三年から田島の後を継ぎ、実に二十五年に及ぶ長官在職の長期レコードを有する。戦後復興から高度成長、そして七〇年代まで、戦後日本の黄金時代の宮中管理は、すべて宇佐美の手に委ねられた。「大衆天皇制」や〝ミッチーブーム〟の流れの中で、右や左からの攻撃と政治家の介入を防ぎ、宮中と天皇の〝非〟政治性を貫き通した点に、宇佐美の貢献《こうけん》は認められる。

だが相方の侍従長が三谷隆信から稲田周一を経て、平安期以来の貴族文化の伝統をひく入江相政に交代したあたりから、変化の萌《きざし》が見られる。「臣茂」の忠実な後継者たる首相佐藤栄作は、自ら首相退任後、宇佐美の後任の宮内庁長官をと口にするほど、昭和天皇への崇敬の念が強かった。昭和天皇の高齢化と、皇室外交、公務軽減問題など、かつての宮中・皇室にはありえなかった問題が浮上してきた時――それは代がわりの演出をも考慮する――、それらは自らも高齢化した宇佐美の任に余るものであった。

だがトップの宮中官僚として長年長官の座を占め続けた宇佐美は、後継者を育てることが出来ず人材難に陥る。官僚に適任者がいないという事態は、他ならぬ政治家の介入を招く下地を形成することになった。もっともギリギリのところで、警察官僚の富田朝彦が宇佐美と同様、宮内庁次長入りし、やがて宮内庁長官に就任する。

昭和天皇の晩年は、三角大福鈴中と言われた各首相と自民党派閥の対立抗争が激化した時期にあたる。岸－池田－佐藤で十五年の安定を得ていた宇佐美長官の時代とは明らかに異なるのだ。それに加えて皇族間の様々な思惑がからみ、複層的な対立抗争が進む中で、政治家の宮内庁長官入りが、声低くではあるが常に語られた。最近のいくつかの史料を重ね合わせてみると、後藤田正晴、中曽根康弘、宮澤喜一、田中六助、竹下登ら有力政治家の名前が浮かんでくる。

富田朝彦は宇佐美よりもはるかに短い期間で宮内庁のハンドリングを学習し、宇佐美の時代にはなかった、へたをすると政治化の契機をもつ昭和天皇晩年の諸問題に対応せねばならなかった。ともすれば政治家による政治化の波に押し潰されそうになる富田をサポートし続けたのは、なんと昭和天皇その人に他ならなかった。昭和天皇は、三代にわたる事務に徹した宮内庁長官による戦後の宮中管理を結局は容認していたのである。おそらくは戦前戦時を記憶の中に蘇《よみがえ》らせることの多かった晩年の昭和天皇は、政治性をもつ宮中政治家や、半政治性をもつ戦前型宮中官僚のいずれをも、ある苦い思いでかみしめていたに相違ない。そのたびに新憲法下の天皇としての役割を常に再確認していたのであろう。

第二章

戦後に賭ける

——セルフメイド・マンとはどのような人々か

◈ **極限の状況下で試された指導者たちの沽券**

『巣鴨日記』（中央公論社）

笹川良一［著］

最後のセルフメイド・マン

笹川良一と聞いて、人は瞬時にしていかなるイメージを思い浮かべるだろうか。「最後の黒幕」「日本のドン」「戦後のフィクサー」「右翼の大立物」「現代の怪物」などなど、次から次へと繰り出されるおどろおどろしい言葉に埋めつくされる世界。しかし自分たちとは価値観の異なる世界であるときめつけた瞬間に、何となくホッと安心する。そう言えば、よく見ると笹川と同じような類型の人間が、他にもいるではないか。一九九五（平成七）年七月、戦後五十年を目前に笹川良一が逝って、戦前・戦後を股にかけて大活躍をした面々は、いずれもあの世に旅立っていってしまった。

自分たちとは異なる価値観の世界。その存在に人は早くから気がついていた。戦前は、統治システム自体が見えなくてあたりまえであった。異なる価値観の世界と統治の世界とが截然と分かれることなく、曖昧のまま成立していたと言ってよい。ところが戦後になって、デモクラシーの論理が統治の世界の正統性を獲得すると同時に、それが自分たちの世界においても常識となる。かくて事態は一変し、国民の常識からしても統治の世界は見えることがあたりまえになっていく。

結局、戦後五十年の間に統治の世界と国民の常識を貫くデモクラシーの論理は、強く太くなる一方だった。デモクラシーは筋を通す一点において強い。これに対して、そもそも理論や言葉を必要としない世界もあった。睨みをきかせる存在そのもので皆が納得してしまう。特に戦前はもうそれで充分だった。さらに言えば、この世界には、セルフメイド・マン(独立独歩型人間)しか棲息しえない。既成の枠にはまらないのだから、セルフメイド・マンは存在するだけで意味をもち、言葉や論理を必要としないのである。

しかし戦後状況の中では、言うまでもなく存在よりも論理が圧倒的優位に立った。つまり存在は、後景に退くことを余儀なくされたのである。もっともいくらデモクラシーの論理の了解領域が広がったとはいえ、論理ですべてを覆い尽くしたわけではない。したがって存在もまた論理との共生に活路を見出した。ここに顕教としてのデモクラシーと、密教としてのセルフメイドクラシーとが、戦後の統治の世界において相互補完関係に立つことになった。事実、デモクラシーとセルフメイドクラシーは、表裏一体となってその後の統治を進めていった。

両者の緊張関係にあって、時折セルフメイドクラシーの動きが、〝疑惑〟とか〝スキャンダル〟とかの形で、明るみにでる。するとそのたびごとに言葉と論理を武器とするデモクラシーは、マスコミ世論レベルでセルフメイドクラシーをじりじりと追いつめていった。あげくに本稿の冒頭で述べた「黒幕」とか「フィクサー」とかいう言葉をもって、セルフメイド・マンを封じこめたのである。

それは本来デモクラシーの信奉者にとっては、あってはならない性質のものだからに相違ない。だからデモクラシーは、セルフメイド・マンには当然非寛容である。彼らを評する場合に毀誉褒貶などというなまやさしい表現ではありえない。毀々貶々といったほうがふさわしいほど排斥されるのだから。もっともそれを代償として、彼らが自らの力を思う存分振るうことができたのも、厳然たる事実である。

ところが戦後五十年、二十世紀を生き抜いた最後のセルフメイド・マンたる笹川良一が亡くなることによって、密教としてのセルフメイドクラシーも今まさに変ろうとしている。あたかも顕教としてのデモクラシー自体が行き詰まりをみせているのに、ちょうど符合するかのようだ。言い換えれば、ともに再編成の時期を迎えたことになる。どうやらどちらの世界も、ましてや統治の世界においてはなおのこと、人材払底は否めず新しい展望はなかなか拓かれそうにない。

そのような中で、世紀末に逝った戦前・戦後を知る最後のセルフメイド・マン笹川良一にとって、戦後の原点とも言うべき「巣鴨日記」(昭和二十年十二月–二十一年十一月)の存在が明らかになった。同時に「巣鴨日記」を補完する獄中からの書翰(昭和二十年十二月–二十三年十二月)も公開された。本稿は、この日記について解説を施す役目を負っている。そこで次の二点からのアプローチを試みたい。

　第一は笹川のライフ・ヒストリーを眺めた場合、セルフメイド・マンとして生きていくうえで、「巣鴨日記」の時期がどのように位置づけられるかを明らかにすることである。第二は笹川が描き出す巣鴨プリズン内のミクロコスモスの世界を、同じ体験をした他の人々の日記や手記と比較対照し、いかなる特色をもっているかを浮かび上がらせることである。

　ちなみに第一のアプローチのために、日本財団資料室所蔵の「笹川良一関係資料」の中から、戦前の各務原《かがみはら》飛行隊時代、戦時の代議士時代、戦後の巣鴨時代の資料を検討の素材とした。さらに第二のアプローチのため、太田正孝『すがも　人間改革』(時事通信社、昭和二十四年)、高橋信一編『我が海軍と高橋三吉』(私家版、昭和四十五年)、『風雲　児玉誉士夫著作選集』上巻(日本及日本人社、昭和四十七年)、太田耕造『太田耕造全集』第一巻(亜細亜大学・日本経済短期大学、昭和五十八年)、安倍源基『巣鴨日記』(展転社、平成四年)、石原廣一郎『石原廣一郎関係文書』上巻(柏書房、平成六年)に収められた巣鴨プリズン同窓生各人の、精粗濃淡様々の「巣鴨日記」を比較考察している。

　なお笹川については、これまで真偽判然とせぬ多くの論稿が書かれている[❖2]。そのうち本稿では、上前淳一郎「おしゃべりな黒幕笹川良一論」(『週刊文春』一九七六年一月二十九日号)と、粟屋憲太郎「東京裁判への道25　笹川良一『戦犯志願』の裏側」(『朝日ジャーナル』一九八五年四月五日号)とを参考にした。

生涯を貫く〝動〟のイメージ

笹川良一は明治三十二（一八九九）年五月四日、大阪府三島郡豊川村の酒造家の長男として生まれた。大正三（一九一四）年三月、豊川村尋常高等小学校高等科卒業。笹川の学歴は、後にも先にもこれに尽きる。当時すでに日本は学歴社会化しつつあった。それに反する形で、ここからセルフメイド・マンたるべく笹川の人生が始まる。

世が第一次大戦後の「大正デモクラシー」の流れの中にある頃、笹川は突然飛行機乗りになりたいと思い立つ。手っとり早いのは陸軍の飛行隊に入ることであった。岐阜県各務原飛行第二連隊で、笹川は何をどのように学んだのか。

そのことがわかる書きこみのある教本類や自筆ノート類が、大阪の笹川の実家に長く保存されていた。大正九（一九二〇）年四月から翌十年七月まで数十冊を超えるかなりの分量である。フランスやドイツの発動機に関する包括的な説明書の一つ一つに、実に丹念に読んだ形跡があり、自ら線を引いた箇所は、そのほとんどが発動機が故障した場合いかに対処するかという、いわゆる危機管理の部分であった。またまめに教官の講述を記した速記録の類もある。

さらに大正十（一九二一）年一月、技術実習のための「出張中日記」に、笹川のきまじめでかつ熱心な上等兵としての勤務ぶりがよく書かれている。ここでも笹川は宿に戻るとその日の実習を記憶の確かなうちに筆記しているほか、自ら申し出て実習の助手を務めている。たとえば一月二十二日の件りには次のように書かれている。

「午前六時三十分起床、七時三十五分製造所着。サ式発動機ＺＳ《ママ》型二十三号ノ組立ス。他ノ専修員ハ見学シ居リシモ、自分ハ組立組長洋行帰リ栗田氏ニ依頼シテ組立ノ助手ヲシタ。組立順序等ハ一切省略頭中ニアリ筆記スル暇ナシ。他ノ専修員ハ四時開散《ママ》。木村ト自分ハ七時三十分迄組立ス。今日一日ニ修時《ママ》シタル量ハ出張后昨日マデニ修得シタルヨリ以上ニ修得シタレリ。午后八時帰旅館。十二時三十分迄、草案筆記、十二時四十分就寝ス」

一見したところ事務的な日記であるが、二十二歳の若者の行状記の中に、既にして『巣鴨日記』を経て後年の笹川に現われる特色はすべて出ている。それは何か。常に率先して動きまわり、それをまめに日記に記すことにより、自らを元気づけ明日への活力にするということだ。普通〝動〟的人間は書かないものである。むしろ〝静〟的人間のほうが、周囲を観察した結果についてこと細かに書き記したりするものだ。だが笹川の場合、八十歳すぎてからもなお百三回も海外へ出かけ、その飛行機の中ではいつもペンを走らせていたという。それは青年時代の笹川に見られた動きながら書き、書きながら動く行動形態が習い性となったためであろう。

こうしてとにかく動くこと、〝動〟のイメージこそが笹川のセルフメイド・マンとしての特色となる。そして〝動〟のイメージを具現化する発動機と飛行隊への関わりから、やがて昭和七

（一九三二）年の国粋義勇飛行隊創設や、翌八年の防空飛行場（大阪市郊外）の建設と陸軍への献納といったアイディアが生じてくる。時代が大正デモクラシーからやがて戦時体制へと変わっていく一つの契機となった満州事変の頃、ちょうど昭和六年に笹川は国粋大衆党総裁に就任している。この間村議を務め商売に精を出しながらも、それ以上の展望を見出しえなかった笹川にとって、これは自らの軸を右にむける転機となった。ちなみに戦後釈放された後、笹川がモーターボート事業に関わったのも〝動〟のイメージの然らしむるところであると同時に、青年時代に学んだ発動機についての技術的知識が下地にあったからではないのだろうか。

いわゆる右翼運動を展開していた笹川は、昭和十（一九三五）年、他の党幹部とともに恐喝容疑などで逮捕された。そして最終的には無罪になったものの、四年間大阪の刑務所にて獄中の人となったのである。このときの獄中体験こそが、セルフメイド・マンとしての笹川をさらに鍛えあげ、後の巣鴨プリズンにおける活動に大変益することになった。

出獄後の笹川の最大のパフォーマンスは、昭和十四（一九三九）年、日独伊三国軍事同盟締結促進のため、得意の飛行機をチャーターしてローマに乗りこみ、ムッソリーニと会見したことである。日独伊三国同盟に反対していた海軍次官山本五十六と親交を結び、他の右翼からの襲撃を守る役割を果たした末、山本に激励されてのことだという。イデオロギー的一貫性という論理の世界からすれば、わけのわからない事態である。しかしそれはそれで、「男が男を知る」といった存在そのものがものを言う世界の文脈で、理解すべき事態なのであろう。

やがて昭和十七（一九四二）年、翼賛選挙の下で、笹川は非推薦にもかかわらず代議士に当選する。かくて統治の世界に頭を出した笹川と鳩山一郎ら非推薦の自由主義のグループや、岸信介ら推薦でも反東條にまわる人々とのつき合いが、ここから始まる。そして笹川は代議士当選を機に、聞き書きという形で国粋同盟党員を対象にした一ページ一テーマを語る『平民心書　愛国愛人談義』と題する小冊子を刊行している。ここでのトーンは一貫して明るく陽気である。

これには後の『巣鴨日記』にしばしば出てくる話題も多い。たとえば、獄舎生活も気のもちようで極楽になるという、獄楽＝極楽の精神の話などがそれだ。それに加えてとりわけこの冊子の中では、笹川の生涯を貫く〝動〟のイメージについて、次のように自覚的に語っている。

「僕から迫力を除けば三文の価値も無い事を、誰よりも僕自身が一番能く知つてゐる。（中略）其の意味に於て、権力も暴力も死ぬ事も敢て恐いと思はぬが、迫力の抜けるのが最大の恐怖である。故に僕は何十何百になつても、迫力だけは永久に保持して行くべしと努力研究してゐる」

収監、過酷な状況下で

セルフメイド・マンたる笹川を支えていたのは、確かに〝迫力〟以外の何物でもなかった。こうして迎えた敗戦は、常に率先して動く笹川にとってこれまた絶好のチャンス到来と考えられた。A

級戦犯容疑者としての入獄。この問題をめぐって笹川の思惑とGHQの思惑とは、かなりのズレを伴いながら交錯した。

まず笹川は、反GHQ演説をくり返し行うというパフォーマンスの果てに、めでたく逮捕令を受け、鳴り物入りで入獄する。これはあくまでも笹川の主観的イメージのなせるワザである。他方GHQは、戦時中から始められた民間諜報局(CIS)作成のファイルに従って、「超国家主義的、暴力的結社及び愛国的秘密結社の主要人物」という項目の戦犯容疑に該当するとして、昭和二十(一九四五)年十二月一日に逮捕命令を出し、十一日に拘禁したのである。ここには明らかに、逮捕理由をめぐる認識の相違があったと言わねばならない。

笹川は自らの逮捕理由を、入獄直後から開始された対敵諜報部(CIC)の特別諜報隊の尋問によって知った。そこで彼我の認識のギャップを悟った笹川は、直ちに弟の笹川了平に対し、アメリカへの反証のための資料収集について事細かに指示を出している。では入獄当日から一年にわたって連日書かれた件の「巣鴨日記」に、尋問の記載があるだろうか。実は尋問が行われ日には、ごく簡単に「第○回訊問」と記したほかは、相手に対してどういう主張をしたのかを、他の獄中での印象記述とまじえて、脈絡なく書きつけていることが多い。したがって尋問の具体的な様子を、この日記そのものからうかがい知ることはできない。

むしろ笹川に関する国際検察局(IPS)のファイル(『国際検察局尋問調書』第二十四巻、日本図書センター）に、二百ページに及ぶ詳細なデータが残されている。このファイルに関しては、前述した粟屋論文が大旨委曲を尽くしており、本稿もその域を越えるものではない。とりわけ尋問に際して、笹川が口頭または提出メモにおいて、饒舌とも言うべき人物月旦を行っているのは、注目に値する。すなわち好悪の感情を交えた笹川の人物評価には、戦時中の『平民心書』と同様のくだけた軽いタッチがみられ、なかなかに読ませる。このファイルの示すところ、笹川は尋問において時には真剣に自己正当化を試み、時には陽気でオシャベリな撹乱戦術を用い、常に検察局相手の駆け引きを念頭に置いていたことだけはまちがいない。

さて『巣鴨日記』は、昭和二十（一九四五）年十二月から翌年二月までは紙質の悪い十三行の便せんに、一日一ページの割合で書かれている。何故か三月が欠けているが〔❖3〕、四月以降は小さなわら半紙に同様に書かれている。それらはいずれもほとんど一気に書きおろされており、迷いの跡が少ない。いつ巣鴨から外に出されたのかは不明であるが、同じ時期に笹川事務所で整理した写本が存在することから、入獄中のある段階で少しずつかあるいはまとめてか、外に持ち出されたものであろう。笹川は「日記」意外にも弟の了平や家人の鎮江にあててかなり頻繁に手紙を書き、「私から出した手紙で多数の人に見せてよい部分のみを謄写版ずりにして僕の知人へこの手紙が来たからと言つて送つて呉れ給へ」と依頼している。事実例の戦時中の『平民心書』と同じく『巣鴨便り』と題して最初の半年分がまとめられている。

さすがに笹川は、主観的入獄志願者だけあって、戦略的パフォーマンスを常に考えている。入獄当初においては、裁判のあり方はおろか獄中生活の実態ですらつかめない。そこで笹川は一方で心覚えのために「日記」をつけると同時に、他方で検閲をうけたとしても手紙をもって外部への公開情報にしようと決意したに相違ない。その意味で「日記」の調子が昭和二十一（一九四六）年四月の第一次起訴の余韻が収まる五月頃から変わって来るのは、まことに象徴的である。

実は笹川を含めたA級戦犯容疑者全員にとって、笹川の『巣鴨日記』がつけられていたとりわけ昭和二十一年前半期こそが、精神的かつ肉体的に最も苦痛と苦悩に苛《むしば》まれていた時期に相当する。なぜか。第一に獄内体制が大幅に変わった。これまでの独居房体制から、最大六人までの雑居房体制になったのである。そもそも私生活のすべてを他人の前でさらけ出すことを、人間誰でも好むものではない。いわんや元大臣、元大将とキラ星のごとき肩書が並ぶA級戦犯容疑者においてをやである。したがって後年になると、いっしょにされたA級戦犯容疑者同士でさえ問題が生ずるのであるが、この時期には大量のBC級戦犯容疑者を収容するため、A級とBC級の混在という事態になった。俘虜虐待の罪に問われた比較的若い容疑者と、戦争指導を担ったA級容疑者がいっしょに置かれたことにより、心理的な問題はより尖鋭化した。

第二にこの敗戦の冬は東京でも雪が多く、獄中の人にとっては寒さが身にこたえた。同時に、運動場での気ばらしが雪のためにできず、雑居房の中での密閉状態が続くことになる。これらは明らかに入獄者を心身ともに余裕なき状態に追いこんでいった。

第三にいかなる罪でどのように起訴されるのかがまったくわからないうちに、国際検察局(IPS)による尋問が開始された。手探り状態ながら、取り調べは執拗にくり返されたのであるから、A級容疑者の心理的不安と緊張はいやがうえにも高まったのであった。

第四に天皇の人間宣言から憲法改正草案の提示にいたる、占領改革の最もドラスティックな展開が、この時期に見られたことである。旧秩序へのコミットメントが高かったA級容疑者にとって、すべてが否定されていく状況には通常の神経のままでは到底耐えられなかったに違いない。

以上の事柄だけでも、A級容疑者はもう充分に気息奄々《きそくえんえん》となった。そのうえこの時期は、獄中獄外を問わず、最も食料事情が悪化していた。そこで第五に精神的ダメージに加うるに、またも肉体的ダメージが与えられる。要するに食事の量が極端に少なく、腹がへってはいくさができぬという状況に入獄者全員が陥ってしまった。

そうなると第六に、肉体的ダメージがもう一度精神的ダメージをよびさます。極限状態に置かれた人間がどうなるか。戦場における食料をめぐる味方同士のサバイバル合戦については、よく知られている。獄中においては、A級容疑者とBC級容疑者とが雑居している最中に、こうした状況が出現する。他人を出しぬいて食料をせしめる。自分が獄から出るために不利なことは一切しない。ここでは大臣大将クラスの高官における人間の尊厳の喪失が一挙に進むのである。そして彼らの生身の姿に接したＢＣ級容疑者の人間不信も亢進を余儀なくされてしまう。

かくて第一に雑居房体制、第二に雪と寒さ、第三に尋問、第四に占領改革、第五に食料事情の悪化、第六に尊厳喪失という最も苛酷な状況の下で、笹川の『巣鴨日記』は書かれた。笹川もまた、まさにこの時期を、動いては書き書いては動かねばならぬ最も逼迫した状況として捉えていた。だからこそ、昭和二十三（一九四八）年十二月出獄後も、生涯を通じて笹川は、「日記」の存在についてまったく言及しなかった。「日記」と並行して書かれた『巣鴨便り』や、昭和二十四年五月に出版された回顧談『巣鴨の表情　笹川良一の見た！戦犯獄中秘録』（文化人書房）とは、やはりかなり趣を異にしている。ましてや占領終結後、折に触れて語られたかなりデフォルメされた形での巣鴨談義とは切迫性の点で明らかに違いがあると言ってよい。

獄楽＝極楽の精神で

では笹川の『巣鴨日記』の特色はどこにあるのか。まず他のＡ級容疑者の同様の「巣鴨日記」と比較した場合、この時期について、これだけ詳しい記述は見当たらない。次いで書きっぷりは、太田耕造のように哲学的、思弁的ではない。安倍源基のように弁明的、省察的でもない。また石原廣一郎のように実務的、要約的でもない。では一体何なのか。「日記」の将来における公開可能性の有無とは一切関係なく、笹川の場合は自覚的、戦略的といえる。

第一に現在の切迫した状況を直視したうえで、将来の世界イメージを描き出す。課題は親米反共と餓死救済と平和確立の三点。この三点をめぐって、自己の信念をくり返し披露しては自己確認している。あたかも「日記」の中に己れの失うまじき〝迫力〟を書きつけているかの感がする。この点は、同時期に「日記」と並行して書かれた書翰にも同様に見られる。第二に巣鴨プリズンの世界におけるさまざまな人間模様を、詳細に描写する。その際、雑居房体制になったことが、笹川のセルフメイド・マンとしての本領発揮を促すことになった。なぜなら笹川は、同室のBC級容疑者をたちどころに自らの信奉者にしてしまい、右往左往するA級容疑者に対して入獄の経験者・先輩として余裕ある態度で接し、親切に世話を焼くことが、獄中での日課となったからである。

実は極端な民主化＝平等化がたちどころに実現した雑居房体制の中で、持てる者と持たざる者の間に、たえざるいさかいが生じた。その際笹川は、BC級容疑者の圧倒的支持を受けながら、A級容疑者の不正や偽善それに自己欺瞞を指摘する役割を担う。もっとも笹川とてA級容疑者に面とむかって非難をするわけではない。

その証拠に他のA級容疑者の「巣鴨日記」には、笹川だけが陽気で元気よく甚だ楽天的にオシャベリをしながらすごしている様子が描かれている。事実、笹川は年老いたA級容疑者の獄中労働を率先して代わってやり、若いBC級容疑者に自らの食料を分け与え、正義人道主義の実践者として自らを「日記」の中で位置づけている。

だから彼は、決して獄中の誰からも嫌われてはいない。むしろ獄楽＝極楽の精神を説き、巣鴨人生最高大学の学長を名のるとき、笹川はあたかもトリックスターのごとき相貌を帯びることになる。たとえば鮎川義介が笹川を真似て掃除を自ら行ったときに、笹川は「善事を行つて人に染伝《ママ》させる事が肝要である。命令するより見習わせることだ。若い者も皆喜んで仕事するこ〔と〕になつた」（一月三日）と満足気に記している。こうした笹川の率先垂範の精神は、出獄後も彼の行動にみられるものである。

またＢＣ級容疑者への訓戒として、「この室は一家族此の棟は一家族大は日本皆一家族の気持ちを持つ事が即ち兄弟愛である。この愛を持ち合つてこそ共存出来るのである」（一月十二日）と述べているのには驚く。なぜか。類似の発言は「日記」の随所に出てくるが、何を隠そうこれこそ、一九七〇年代に入ってやがてよく知られる「世界は一家、人類は皆兄弟」という、日本船舶振興会をバックにした笹川自身が登場するコマーシャルのキャッチフレーズそのものなのだから。あのコマーシャルの原点もまた、『巣鴨日記』に見てとることができるのだ。

さらに、笹川の確信犯的な信条「我が任命如何を考へれば、第一に永遠の平和を確立して世界人類を永遠に戦禍より救ふ事に協力すること、第二日本民族を恐怖政治の共産主義より救ふ事、第三身を犠牲にしても七千五百万人を餓死より救ふことの三点にあり」（十二月十四日）もまた、エンドレステープのごとく「日記」の中でくり返される。実はこの三点もまた、後年における笹川と日本船船振興会との現実の活動の中に引き継がれていったのではないか。
その意味では、見事なまでに『巣鴨日記』の中に、笹川の後半生の原点をうかがうことができる。獄中におけるまさにセルフメイド・マンとしての笹川の面目躍如たる趣がある。その点に関して、彼の反共主義と親米主義とに一言しておかねばなるまい。笹川は次のように説いている。「亦日本は共産主義のソ聯に行くか自由主義の米国に行くかの二途ある而已。国民の自由意志に任せば九分通り迄米国に行く。然に自由を叫び日本人を解放すると云ふスローガンを立てながら共産党を支持するとは何事か。賢明なる米国の正気の沙汰とは思われない。今貴国に秋波を送つてゐる者は真の日本人ではない」(十二月十七日)
すなわち笹川は、すでに入獄の段階で日米関係をセルフメイド・マンらしく本能的に、GHQ左派＝日本の共産主義者と、GHQ右派＝日本の自由主義者という対立図式で捉え、左派優位の状況に危機感を抱いていた。だから「日記」等に散見されるごとく、獄中にあろうがなかろうが、後者、具体的には鳩山一郎、西尾末広、平野力三らを支持する姿勢を明確にしていた。そして早晩アメリカが気づいて後者をバックアップする際、――笹川は「十年以内ソ米戦ふ」(五月十四日)と推測している――自らの出番が来ると笹川は考えていたのである。

執筆の動機

それにしてもなぜ笹川は、くり返し自己の信念を「日記」に記述したばかりでなく、マッカーサー元帥そしてトルーマン大統領宛の書翰に認めて、矢つぎ早に出すことにしたのであろうか。言い換えれば、なぜこれほどまでに「書く」という行為に熱中したのか。これは無論一面で、動いては書き書いては動く笹川の性格によるものである。しかしそれ以上にそれは笹川が、彼をとりまく最悪の環境の中で自らを元気づけ生き抜いていくための行為であった。では笹川は、具体的に何と戦い自らを勇気づけねばならなかったのか。

第一はほかならぬ尋問である。尋問内容については「日記」であまり触れていないにもかかわらず、尋問のあった日の記述はしばしば饒舌で、かつ弱気な心情も正直に記すと同時に、それに倍する元気な言葉がこもごも記されている。曰く「さあ来い。山の如き艱難《かんなん》も海の如き辛苦も如何なる辛苦も予の為には師友である。如何に立派な精神を持つてゐても言葉が不通だから予の人物は判らぬ」（十二月十八日）、曰く「二時過ぎ呼出しに来た。亦昨日の英国人が来たのかと思つていやな感じがした」（十二月二十八日）、曰く「良心に恥ずる処なければ訊問もうまい煙草が吸ゐ《ママ》て嬉しいものである」（一月十八日）などなど。

尋問との関連で言えば、弟の了平宛に出した書翰がいつまでもつかぬことに、笹川は苛立っている。十二月十八日に書いた第一便が一カ月たってもつかないのだから、不安になっても当然だ。

「廿日付の手紙が来て一週一本の手紙が書けるなら簡単なものでもよいからくれと書いてある。心配も当然である。毎週書かして蒐集しながら発送せずして家族に心配かける事は罪罪《ママ》である。人道主義国の米国はこの事位が判らないのであろうか」（一月二十八日）と笹川は怒っている。自らの手紙の公開を望み、尋問に対する証拠収集の依頼を考えていた笹川にとって、緊張の続くできごとにほかならなかった。もっとも彼の心配は二月十日に一応は解消する。「日記」に「了平が面会に来た。三十分思ふ存分云つておいた。朗かなるに驚いたであろう。手紙も三四通二三日前に到着した由」とあるから。

第二は食料事情の悪化であり、それをめぐる人間の尊厳の喪失である。一視同仁の感覚を以て作り上げつつあった笹川なりの獄内の秩序観を常にゆさぶるのが、この人間にとっての根源的な問題の深刻化であった。ここでは笹川はなるたけ冷静な第三者の目を装いながら、いかに人間の尊厳が失われていくかの過程を、あたかもケース・スタディを記すかのようにミクロスコピックに観察し続ける。やがてそれは敗戦責任の問題と交錯しながら、実名をあげて指弾を加えるまでになっていく。

最初にこの問題が顕在化するのは、十二月二十六日のことだ。笹川は「食に対しては皆人間性を発揮する。配給の時は目を皿にして見てゐる。ああ、いやな事。此の様では新しき道徳は創れない」と記す。次いで一月十九日には「予の室の三名が食事当番。天下の大物でも獄では食欲以外ないと見ゑてもつと多く汁をくれめしをくれと云ふ」とある。

やがて一月二十二日になると「食事が不足したとて喧ましい事」「大人物が真先に連《ママ》れ、食が無くなると困ると云ふので順位の前に削込む。いやしいものである。こうした連中が今日まで日本を支配してゐたから敗けたのだ」と書くまでにエスカレート。しかしそれでも一月二十三日には「我《ママ》鬼に落ちてゐる最大の欠点を書かねばならぬからその人の名誉の為将来そうした人の子孫の為に氏名は書かぬ。嗚呼、いやな事である」と書いてまだ冷静である。

二月に入ると食事の争奪戦は異常なまでに激しくなる。曰く「夜も亦リンゴ二個づつ配給せるに余れり。向側一個づつ配当し尚数個余れし《ママ》。これを見た我等側の者一個づつをわれ勝ちの取《ママ》れり。実にいやしき人物ばかり。愛想つけり《ママ》」(二月十五日)、曰く「動物化した人間の目は実に鋭し。特に食の配給に於て。今日運動の時若い連中予に訴へて曰く一号室の飯盛浅野、山田その他の連中が老人の元大臣その他の人達に配給なす量特に多し。その原因は元大臣青木一男氏の如きは煙草を飯盛に進上敬意を表する事によりて多く飯その他の食糧が配給せらると。それを聞た予実に驚き悲む」(二月二十一日)

これ以後、廊下をはさんであちら側とこちら側との食事の争奪戦がいよいよ本格化する。二月二十七日には「食事の分配は当方側は常に二割方少ないから飯盛は相方より二《ママ》名づつ出してやることにしてはとの意見多し」との記述があり、四月十日には「若い人も老人も共に配給食糧の不足の為閉口。全員不足に非ずして向側より我方の量は百分中の二十五位少し。故に予は皆〔の〕為所長宛に公平の分配方を進言せり」というところまで進んだ。

ところが、所長宛上申書に「にくまれてはいやだから名前は書かぬ」という元中将・元大佐がいてまたもめる。「予大声にて全員に聴ゆる様に、人の念仏極楽参りしたい奴には食らわすな。皆驚た」（四月十一日）との記述に続いて、「昨日夕食の時は副官が立会つたので食糧が多く皆喜んだ。これは向側が当方の物とすり替へてゐたとしか見れない」（四月十三日）と、事態は解決にむかうやに見えた。

だがあにはからんや、大川周明と松井石根とが「向側が自分側の食事を盗む」というあられもない投書を所長に出したため、すべては烏有《うゆう》に帰してしまう。笹川はこう結んだ。「喧嘩下手である。向側より少いから同様に配分せよと云へばよいのに盗んだと云ふから喧嘩は当方の敗け」（四月十九日）と実にあっさりしたものである。

さすがに笹川は無位無官の世界で鍛えてきただけあって、勝負の勘所をよく知っている。しかも笹川は、この問題を通して肩書のみで生きてきた世界の人間の弱さをつぶさに眺めることになった。「亦老人のくせに多くもらつてゐる者は痛痒を感ぜぬ処から所長ににらまれるのを恐れて書類も出さない。実にズルイ奴ばかり」（四月十二日）と書き「年寄り特に上級軍人はズルイ」（四月十七日）と記した笹川は、同時に統治の世界の限界を見てしまったのではないか。したがって笹川は巣鴨体験を機として、二度と戦前のような形で統治の世界に臨むことをやめたのではあるまいか。

理不尽な暴力に抗して

ところで昭和二十一年後半期の「日記」では、いかなることが記述の対象とされたか。第一は夏の暑さ、酷暑との戦いである。厳寒の冬のあとには、炎暑の夏というめぐりあわせが一般的だから。「なか〳〵暑い本照である。この暑が続けば米は大丈夫。蒸死しても本年の方が良い」(七月十五日)との書きっぷりはまさに笹川の面目躍如というところか。豊作を願って獄内の暑さに耐えるという〝やせ我慢の精神〟の発露に他ならないのだから。

しかしその暑さ故であろうか、さすがに七、八月の「日記」の記載量は少ない。書いては動き動いては書くことが信条の笹川にして「別に書く事なければ書かぬが日記なり。今日は書き止める重要な事なし。只だ本年中一番の酷暑なれば米穀の為に良かるべし。天に感謝し豊稔を祈るのみ」(八月十二日)と記すのがやっとだった日があったのは、まことに印象的である。

暑さとの戦いで日々過ごしている間に、しかし第二の問題が少しずつ顕在化してくる。実は獄内では食料事情の好転と踵を接する形で、今度は使役労働が争点化し始める。「米国人は我々を使わねば損の様に労して効なきことに使用する」「俘虜酷使など云へる資格なし」(八月十三日)と書いた笹川は、やがて秋も深まった十月、この件では、遂に渦中の人となる運命をたどる。十月十二日の件りを見てみよう。「帰室すると室前に黒崎とか云ふイジの悪い二世の少尉が立つてゐるから今日はと丁重に挨拶すると、イキナリ予の服の襟の皮をぐつと一尺以上引張るなり拳骨で胸をウント云ふ程に強打し更に下駄を脱し畳の上に上げて又胸を拳闘の手で強打し座（れ）と云ふから坐すと又起立せよと云ふから起立すると三度胸を強打し更に拳骨でゴツンとアゴを強打した」

これは暴行を受けた当の本人が記したもの。実に細かい観察力を発揮している点に、まずは脱帽だ。しかし笹川は理由なき暴行にあったのではない。「この少尉になつてから我々の扱が侮辱的の残酷となつたので皆が閉口してゐる」状況にあって、笹川が後難を恐れて訴え出ない他の人々を尻目に、自ら所長宛に訴えの手紙を書いたことが、そもそもことの発端だ。現場の復讐をさけるために開封して見せることのないようにと頼んだにもかかわらず、すべてがバレた上での懲罰なのであった。自ら「残虐の開幕」と記したように、暴行を受けて胸を痛めた笹川は、これ以後十月末まで医者に見てもらうこともかなわぬまま、毎日復讐のための使役労働にこきつかわれた。

通常では考えられない恐るべき虐待と暴行の世界が、そこに出現する。セルフメイド・マンにとっても、それは自明ではあっても歓迎すべき事態ではない。ただこうした場合の最善の身の処し方だけはわかっている。強靭な神経と体力さえあれば、耐えて耐えて耐えぬくことである。セルフメイド・マンたるもの、論理ではなく存在であることの実存的意味を、衆人環視の下で今こそ明らかにせねばならない。「男が男を知る」世界においては、弱音と屈服は禁物なのだ。まさに身を挺して、笹川のヒロイズムと美学とが発揮されることになる。

笹川は黙って使役労働に従事することの代償として、すべてを「日記」に書きつけることによってサバイバルをこころがける。だからこの間の「日記」の記載は、微に入り細をうがって一段と詳しく多くなる。すでに暴行当日「止を得ぬから予は満足するまで殴打せよと答へた」点で覚悟はできていた。くり返される懲罰使役に対して「これが真の残虐と侮辱と云ふもの」「実に執拗なる事蛇の如し」(十月十四日)と述べ、やがて「身体が虐待を何程《ドノ》度耐へられるか研究して見やう。この虐待と侮辱は予の身に徳を積めり」(十月十八日)とうそぶくまでに至る。

「積んではくずし、くずしては積み、これが予に対する侮辱と虐待である。予の忍苦は堪新【〈韓信〉】の股くぐり以上なる事数倍也」(十月二十三日)となると、本人の苦しさの限界が実感として伝わってくるようだ。結局これは使役する側とされる側との一種のチキン・ゲーム的状況に他ならない。十月二十五日にいたって、「正味十二日間二十八回の強制労働をせしめたデブも中止せり。余程心配し出したのであろう。病気でも休ますなとは世界第一の残虐者である」と笹川は書いている。かくして笹川は存在を賭けたサバイバルに成功する。

ここで笹川がセルフメイド・マンの意地を貫き通したことの意味は深い。実は巣鴨プリズンにおいては、すでに食事闘争などを通じて徐々に笹川は自らの存在を周囲に知らしめてきていた。肩書の通用しない世界での笹川の存在感を決定的にしたのが、この一件に他ならない。まさに笹川よく戦えりであった。十月末日の日記における「人間の身体は弱い。傷み安《ママ》いものである」「早く元の如く食事もうまく、併て体操も運動も楽しく出来る様になりたきものである」との記述に、笹川が安堵した様子がうかがえるではないか。

　周囲の証言を見てみよう。高橋三吉元海軍大将は、後年の回顧の中で次のようにはっきりと語っている。

「此所で私が見た最も大きな懲罰は笹川君の場合であった。笹川君があるとき同君の雑房の中で二世の米中尉に顔を壁に烈しく押しつけられてこずかれているのを見たことがあった。他の同室の人も何ともすることはできない。笹川君は無抵抗主義で通された。爾来笹川君は一ヶ月位殆んど毎日半日位引張り出されて使役に使われていた。同情に堪えなかった」（前掲『我が海軍と高橋三吉』）

　笹川記すところの黒崎少尉、安倍源基元内務大臣、石原廣一郎元石原産業社長記すところの栗崎中尉の所業には皆ほとほと手を焼いていたらしい。石原の回顧からひいてみよう。

「また笹川良一君は使役の時、何かのことで栗崎に殴られ、二週間も胸が痛んでいたのに医者にも見せず、この病人を連日使役に使う残忍を敢えてしたことがあった」（前掲『石原廣一郎関係文書』上巻）

　昭和二十一年末にこの中尉は転出し、ことが一件落着する。そう言えば、この時期の笹川の獄中書翰に、暴行の事実を訴えた十月十二日当日付の所長宛書翰の控がある。どうやら彼はすぐさま事実を公にしようと考えたらしい。それ以外の、家人にあてた数通の書翰には驚かされる。なぜなら「日記」には苦闘の様子をすべて告白しているにもかかわらず、書翰には露ほども虐待と暴行の後がうかがわれる記述がないからだ。それを匂わせるような弱音すら吐いてはいない。そこにあるのは、相も変わらぬ世界情勢、日本情勢についての大所高所論と、人生の智恵をちりばめた心情あふれる家人への細やかな気遣いの一文である。日々是闘争の現実世界を離れたフィクションの世界に遊ぶ笹川の姿を、そこに発見することが可能だ。まことに笹川にとっての書く行為の意味を、改めて認識させる事態であったと言ってよい。

なぜ筆は擱かれたのか

笹川の「日記」は昭和二十一(一九四六)年十一月二十日付をもって唐突になくなる。書くことをやめたのか、この後の分が失われたのか、まったく判然としない。この後も、二十三年出獄前まで書翰はせっせと書きつがれているのだから。ただし客観的に見れば、笹川「日記」が突然として消えた直後にほぼ一年ぶりで獄内体制が大きく変わった。第一に房内持込品の制限強化が行われた。第一次通達は十一月十四日であった。笹川の「日記」には「着類の員数を通知、他は領置するか家に送り還へすかせよと命じて来た。何年ゐなければならないか判らぬのに送り返へしは出来ない。成べく手数をはぶく様にしてやらねばいけない」とある。

より厳しい第二次通達は一週間後の十一月二十二日に来た。太田耕造元文部大臣の「日記」によれば「マタマタ所持品大制限ノ布達アリ、之ニ依リ眼鏡一、時計禁止、和服二、外套禁止等々囚人ト雖モ行ハレザル如キ酷則ナリ、書籍類モ六冊トナル」（前掲『太田耕造全集』第一巻）状況であった。また安倍源基元内務大臣は二十三日の「日記」において、「万年ペンや時計は昨日の達しに何も書いて居ないから所持差し支えないと考へて居た処、此等も不可とのことで致方なく今日迄加返送の手続を済す。今日からペンは使へぬ様になり日記も手紙も鉛筆で書かなければならぬ様になつたのは淋しい」（前掲、安倍『巣鴨日記』）と書いている。

つまり厳重な所持品制限のために、誰であれ書く行為がきわめて困難な状況に追いこまれたことがわかる。しかもこれに加えて、例の栗崎中尉を筆頭に、房内検査と称する落花狼藉の嵐がしばしば吹きあれた。いったん廊下に投出された物は一切房内への再持込は出来なかったという（前掲『石原廣一郎関係文書』上巻）。そのため太田耕造は営々として書きためてきた「日記」を散逸してしまった。「午後三時頃ト覚ユ米看取三人来室、室内大検査、持参品殆ンド全部放リ出シ自宅ニ届ケル様厳重処置惨憺タル様子ナリ、日記其他多ク紛失、散乱手ノ着ケ様ナシ」（十一月二十三日）との記述から、茫然自失の体の太田の姿が目に浮かぶようである。太田にとってこれがいかに悔やまれたか。彼はこの年大みそかの日記に、「詳細ナル『獄中日記』ガ十一月二十三日ノ室内検査ノ大嵐ニテ紛失シ去リシコト千秋ノ痛恨事ナリ」と書いているほどなのだから。

こうした事情を察知した笹川は、自ら「日記」を書くことを控えたのではあるまいか。その分、彼の書く行為は専ら書翰に集中することになったのではないか。笹川は折に触れて、主として「日記」に、たまには書翰にも短歌とも狂歌ともつかぬ時事句を書きつけている。十一月二十二日のそれが「たふしてもきりても絶えぬささかはの　誠はかれじ千代八千代まで」であり、しかもそれを制限オーバーの所持品目録と共に翌二十三日付で家人宛に送っているのが、何とも示唆的である。

これ以後の笹川の家人宛書翰は、明らかに内容的にこれまでの「日記」の要素を引き継いでいる。すなわち「日記」に見られた房内身辺雑記をまじえた書きぶりになっているのである。こうした事態を促した第二の要因は、十二月中旬に行われた雑居房の大幅な入れかえにあった。これまでのA級とBC級とを同居させる体制から、A級のみで組み合わせる体制へと大きく変わったからである。笹川は昭和二十一年十二月二十三日付家人宛書翰においてこう述べている。「去る十六日二階の暖い明るい十号室に栄転した。今度は裁判中の人を除く全A級の者が同倒《ママ》に集り毎日毎日三十数名が楽しく散歩してゐる」「僕の室には年少第二位の四十三才の里見氏の友人進藤一馬と年少第三位の僕と第四位五十四才の安岡〔正篤〕氏の知人の元貴族院副議長の酒井〔忠正〕伯爵の三名である。当初に於て始めて知つた花合せを両氏に教授した。鳥のゐない国ではコーモリでも王様とやらの如く僕も今では先生である」と、実に軽快な筆のタッチで、愉快な気分が横溢している様子が読む方にまで伝わってくるではないか。

笹川自ら述べているように、この時点で、BC級と分けられA級だけ集められた中に入ったことは、彼にとってはまさしく〝栄転〟だったのである。しかも若手ばかりの室に組み合わされたことも好運であった。直前の懲罰労働事件は、ここでの笹川にとって明らかに勲章であった。それ故か、これまでのように「日記」の中で我れと我が身を鼓舞する必要がなくなり、ごく自然体で振る舞ううちに、A級の中での独自の地歩を確保できたに相違ない。

石原廣一郎元石原産業社長はA級各室四人の房内新体制について、「一時は話も有って結構なようであったが、老人という者は個性も強く折合いも悪く、お互いに口に出すのと出さぬの相違だけで、皆不平と不満があった」と一カ月たった時点で回顧し、全十一室の多くが暗くて陰気であることを明言している。この中にあって笹川たちの室は「一番明るく平和である」と評価され、笹川自身も「至極朗らかで、気軽くいつも室を賑やかしている」（前掲『石原廣一郎関係文書』上巻）との人物評をうけていた。こうしてとりあえず笹川の「日記」は止められた。

残された課題

最後に「日記」全体を通して見られる特色をあげておこう。第一に東京裁判の進行に対する関心は無論随所に出てくる。東條英機・松井石根・東郷茂徳・田中隆吉・遠藤三郎などに対する人物評はそれとの関連で理解することができる。第二に広く人物月旦、それも「阿諛迎合《あゆげいごう》」の評価を与えられている人物に、室伏高信、横田喜三郎（二月四日）、石川達三（五月十日）、尾崎行雄（五月十七日）、新居格（六月十日）、田中耕太郎（六月十九日）、緒方竹虎（六月三十日）、犬養健（七月三十日）らがあげられる。否定的評価の中に笹川の気分がよく出ていると言えるだろう。

第三に、笹川の重光葵に対する期待と高い評価をどう見るかという問題が残されている。笹川の「日記」では終始重光に対して親身な感覚で接し、明らかに別格扱いをしていることがわかる。すなわち重光葵の健康のためにわざわざ禁煙を実行したというのだから。「煙草まで一週間禁じて健康を祈つてやつた重光の元気な姿を見て安心した。大部屋で五名同居してゐて不自由せぬと云つてゐる由。身体は不自由で（も）魂は不自由でなかろう」（五月二十九日）と記したばかりか、「心配してゐた重光氏が松葉杖をついて悠々と散歩してゐる。その姿はあの散歩仲間では第一等に見ゑた。誠に安堵すると共に嬉しかつた」（五月三十一日）とまるで身内の者を気遣うかのような筆使いである。さらに「重光を有罪にする様な裁判官なら小者であり型式を整へる丈けに日数を使したものなり」（七月十六日）ときめつけている。

そのことがまたCICの尋問における笹川の重光評価につながってくるのではないか。笹川は重光を徹頭徹尾擁護し、一番高い評価を与えているのだ。重光こそは剛直で天皇の信頼も厚く、最も親英米的で、政治的腐敗とも関係なく、当然首相になるべき人物であり、笹川は将来重光を首相にしたいとまで売りこんでいるのである。

確かに巣鴨プリズンのA級の世界の中で、この時点では重光は岸信介に先立つ前途有為の人材であったことは否めない。しかも戦前から重光と笹川との間には何らかの関係があったことが容易に推測される。だがそれにしても、やや常軌を逸したともいえるオクターブ高い重光への笹川の惚れ込みようは、いったい何だったのか。これはすぐには解けぬ宿題としておこう。

宿題といえば、もう一つ。実は巣鴨プリズンA級戦犯容疑者の詳細な「巣鴨日記」の公開は、やはり戦後五十年が一つの機縁となったのであろう、安倍源基(平成四年)、石原廣一郎(平成六年)に続いてこれで三冊目である。これ以前の私家版の太田耕造(昭和五十八年)らの「日記」を含めても、これまでは巣鴨人間模様の明らさまな公開を嫌う意味もあり、出版自体がきわめて地味な扱いに終始してきた。笹川に関しても、今回公刊されたものがすべてではない。巣鴨から出所後の笹川が、巣鴨プリズン・東京裁判の関係者の釈放運動に従事し、またその家族の面倒をみた結果、こうした人々から笹川にあてられた七千通を越える書翰が未整理のまま残されているという。

そのため、研究面でも相互をつきあわせての検討がいまだなされてはいない。今後は巣鴨プリズンの世界を真正面から考察する必要があると信じている。

モーターボート事業そして日本船舶振興会へと活動の拠点を集めていく巣鴨以後の、それからの笹川を追うのは本稿の課題ではない。しかし笹川は巣鴨プリズンの中で肩書の世界の自己欺瞞を十分に膚で感じたうえで、新たなセルフメイド・マンとしての自己の確立に邁進したに違いない。

その際、笹川を支えたのは、戦前以来持続し続けているあの〝迫力〟と〝動〟のイメージ、それに、「戦つてゐる時は敵味方であるが一度俘虜になつて武器を捨てれば世界兄弟である」(一月二十四日)という、彼が巣鴨の体験で得た直観以外の何物でもなかった。

やはりそれは論理ではなく存在にほかならない。それにデモクラシーよりはセルフメイドクラシー。だとすれば、笹川はあらたな手段で新天地を求める以外、戦後における活動の場はなかったのではあるまいか。

❖2―本稿発表後、佐藤誠三郎は次の作品を公刊した。『笹川良一研究』(中央公論社、一九九八年)、『正翼の男』(中央公論社、一九九九年)。

❖3―欠落していた昭和二十一年三月の日記は写しが発見され、伊藤隆編『続・巣鴨日記』(中央公論新社、二〇〇八年)に収録された。なお、同書を含む『笹川良一と東京裁判』シリーズには書簡などの笹川関係文書類が収められ、順次三巻にわたって公刊される。

◈冷徹な観察眼がとらえた戦犯の生態

『石原廣一郎関係文書』（柏書房）

赤澤史朗・粟屋憲太郎・立命館百年史編纂室［編］

巣鴨にて

今を去ること約半世紀前、石原廣一郎はGHQの逮捕命令により巣鴨プリズンへ出頭し、A級戦犯容疑者として監房に拘置された。昭和二十（一九四五）年十二月十日のことだ。石原はこの日のことを微細にわたって日記につけ、「私が中に入ると同時に扉が閉められ、『ガチャン』と鍵が下ろされた時は何とも言い得ざる不安な気持が襲って来るのであった」と記している。

不安な気持ちに陥った石原が前途に希望をみいだしたのは、同様の境遇におかれた旧知の高位高官たちと出会った夕食の折であった。

「その時『ヤァ』と声を掛けられ驚いて見ると、村田省蔵ではないか、次にまた『ヤァ来たか』と言われる。それは鈴木貞一で、次に橋本欣五郎が『いつ来たのか』と言われ、互いにちょっと挨拶を交わしながら、食事をもらって房に帰ってくる。食事を独りで食べながら、彼らは大森に収容されていたはずだが、すでにここに移されて来たとみえる。皆はなかなか元気だ。これでは知人も多いと、気分は明朗となってきた」

石原廣一郎。戦前の右翼系実業家で南進論者。とりわけ満州事変以後、国家主義運動に積極的に関与し、二・二六事件に際して逮捕起訴されるが無罪となった経歴をもつ。敗戦まで政治と実業とに車の両輪のごとく携ってきた。つまり石原は大日本帝国の貴顕高官紳士の系譜ではなく、セルフメイド・マン（独立独歩型人間）の系譜に属する人物であった。戦後は石原産業の会長を務め、昭和四十五（一九七〇）年、八十歳で没した。

そんな石原が収容された巣鴨プリズン。翌々日（十二日）になると、指名をうけた人々が続々と入所したことがわかる。石原は次のように述べている。

「今朝比律賓《フイリピン》に出発した本間（雅晴）のいた六号独房の中から、白髪を長く伸ばした大きな体躯の老人が出て来た。これは梨本宮殿下とわかった。殿下も私共と同様、両手にお鉢とお椀を持って食事を取りに行かれるお姿は、お痛わしさ限りなし。えらい時代となった、戦争には負けたくないと、今さらながら感無量なるを覚ゆ。

午後二時半運動に出ると、高橋三吉、太田耕造、小林躋造、大川周明、有馬頼寧らも来た。運動場はなかなかの賑わいである。大川と久し振りに物語る。次いで津田（信吾）、郷古（潔）らとも話しながら歩くのであった。夕食に廊下に出ると、六十四号室を除きほかは全部詰められ、どうやら我々仲間は全部揃ったようである」

獄窓生活を冷静に描写

あたかも朝野の功成り名遂げた名士が特に選ばれて一堂に集められ、これから始まる記念式典かパーティを待つ間に、再会をなつかしむかのような趣である。ことこれに限らず獄中での記述であるにもかかわらず、石原の筆致は不思議に明るい。実は彼の「巣鴨日記」は、入獄から釈放（昭和二十三年十二月）までの三年間にわたる巣鴨プリズンの世界を、過不足なくバランスよく描いている点に特色がある。

釈放後、整理のため手を加えた跡がうかがえ、内容的にも巣鴨プリズンにおける監房の部屋がえごとに区切りがついて、ひとまとまりになっている。「独房生活の二十五日間」（二十年十二月―）、「雑房三階生活の三百四十二日間」（二十一年一月―）、「雑房二階生活の二百五十日間」（二十一年十二月―）、「雑房一階生活の九十九日間」（二十二年七月―）「再び雑房二階生活の三百五十二日間」（二十二年十月―）、「最後に再び独房生活」（二十三年十月―十二月）、という具合だ。

実はこの六室への移動に並行する形で、巣鴨プリズンの世界の人間模様にも様々な変化が生じた。石原はその有り様を冷静に記述していく。最初の独房生活は、それなりに元大臣・元大将の人間の尊厳を維持できるものであったようだ。

もっとも、心配や猜疑《さいぎ》心の生ずる事態がなかったわけではない。石原は元大臣・元大将たちの気持ちの微妙なブレをとらえて、こう語っている。

「この中に入れられていると、ちょっとしたことが神経を刺戟するもので、新聞の配達が四、五日も無いと何か起こったのでないか、同僚が取調べで姿が見えなくなるとそれが気に掛かる。今まで使役は若い者がしていたのに、今度はA級にまで、廊下掃除や御飯盛りをさせる、これは我々A級に反感を持ってきたのだ、と色々に憶測し、気に掛けたり心配したりするかと思うと、家族との面会が毎月一回だけ許されるとの報に朗らかになる。とくにここでは食事が唯一の楽しみだけに、一番問題になるのである。大臣・大将も過去の面目を失い、まったく子供のようである」

だが、年があけてA級のみならずBC級もいっしょにした六人一部屋の雑房体制にかわると、かつての高位高官たちの尊厳が急速に失われていく。とりわけ深刻だったのは食事の問題であった。石原は「正月からしばらくは米軍の補給でかなり量も増えてきていたが、下旬から再び量が減って、若い者のみならず老人の中でも不平の囁きが出る。中には飯の盛りが多いとか少ないとかの露骨な醜い問題が、食事ごとに起こるのであった」と書いている。そのあげくによほど腹にすえかねたと見え、彼にしてはめずらしく次のように筆誅《ひっちゅう》を加えている。

「しかしA級の中でも○○海軍大将や○○陸軍中将、○○陸軍大佐のごときは、若者の前をもお構いなしに飯の盛りでブツブツ文句を言うに至っては、呆れるほかはない。この二、三の者は事情が奈辺にあったにせよ、世界に誇った我が大艦隊を持って戦争らしき戦もせず、国民の知らないうちに海に沈めてしまった敗戦の大責任者として、阿南〔惟幾〕大将、大西〔瀧治郎〕中将のごとく腹を切って申訳すべきであった。腹も切り得ずしてオメオメここに入れられた恥しらず者としては、まったかくもあるべし」

海軍善玉論への懐疑

やがて来るべき極東軍事裁判では、海軍善玉論、陸軍悪玉論が基調となってゆくが、石原とその周辺の巣鴨プリズン内の人々〔児玉誉士夫、池崎忠孝ら〕は、当初から海軍善玉論に懐疑的であった。だから後にやはり獄内で、米内光政と同期の高橋三吉元海軍大将に対し、石原は単刀直入に「海軍はといえば、終戦当時大西〔瀧治郎〕軍令部次長が立派に自刃されただけで、永野〔修身〕元帥、米内、島田〔繁太郎〕、豊田〔副武〕らの各大将はオメオメと生き残り、永野、島田、豊田のごときに至ってはここに逮捕されて生恥を晒す卑怯者揃いでないか、我々海軍贔屓にして来た者たちにはいっそう癪にさわって仕方がなかった」と問いかけ、高橋をして「私も当時貴方と同じような感じを持った」と言わしめている。現実に巣鴨プリズン内における海軍関係者における人間の尊厳の喪失が著しかったために、ますます海軍の評価を低くする結果を招いた。

この時期に石原は同室の岸信介と寝食を共にした結果、彼を高く評価することになった。がんらい石原は、統制経済・官僚統制の主唱者岸とは「政治的に意見を異にしてきた間柄」であった。しかしプリズンの中で石原の評価は百八十度変わる。「彼は次官大臣就任の間を通じ、統制経済を次から次へと強化し実行している間に、実社会は有機的であり、理屈どおり行かないことを体得したのではないか、今では官僚イデオロギーを脱却し、立派な産業財政政治家ともいえる」

石原のようなセルフメイド・マンタイプから見て、なお岸は官僚出身であるにもかかわらず、巣鴨プリズンの世界の中での期待の星となったのである。「彼は比較的若くもあり、元気で今一度活動してみたい野望もある」。だからこそ石原は「日本再建に当たり、過去に囚われず、彼のごとき貴き体験者を活用されたいものである」と書き留めたのであった。

昭和二十一(一九四六)年十月にはA級容疑者四十二名だけ新たに三、四名ごとにまとめて十一の雑房に再編された。観察好きの石原は「一時は話も有って結構なようであったが、老人という者は個性も強く折合いも悪く、お互いに口に出すのと出さぬの相違だけで、皆不平と不満があった」と記し、現代の高級老人ホームもかくやあらんとばかりに各室の様子を生き生きと描き出している。しかも、これがなかなか人物論としても秀逸だ。概して評判が良いのは、人間としての幅と余裕のある人物で、大日本帝国を支えたいわゆる成り上がりの官僚出身者、軍人出身者にはほとんど見あたらない。

むしろ華族出身の岡部長景、酒井忠正の二人に高得点が与えられており、彼らは、どうやら人間の出来という点で特筆すべき存在だったようである。石原の筆によれば、「岡部さんは姿も態度も常に変わらず、明朗で人ざわりも良く、日用品、煙草配給の世話を良くやって皆に評判が良い」し、「酒井さんは殿様らしき落着きのある好紳士で、何の不平も言わず、何人にも嫌な感じを与えない良くできた方」であった。二人について「殿様というものは、不思議な修養を積んでいるものと見える」と石原は評している。

他方、官僚・軍人の中でも、いわゆる学歴秀才タイプでない人物の評判は良かった。二世育ちであった元司法大臣岩村通世、元陸軍大将西尾寿造の二人がそれにあたる。石原は「岩村さんのごとき至極温厚な紳士がいる。若い時から良く書見されたと見え、漢詩に、禅に通じ、俳句も相当なもので、A級中での学者である。しかし、いわゆる学者のように理屈はなく、世情に通じ検事出身らしく、珍しく良くできた人である」と記し、「西尾さんは支那派遣軍司令官をやり、終戦直前の東京都長官をやった人だが、軍人色のない温厚な方で、癖がなく好感が持てる」とも記す。「両人はA級百余名の中での人格者である」と評している。

ではセルフメイド・マンたちはどうであったか。このタイプの典型とも言うべき笹川良一と児玉誉士夫は、パーソナリティの違いにもよるものか、印象を文字通り〝明〟と〝暗〟とに分けた。石原は次のように書いている。「笹川さんは国粋大衆党総裁で、ここに入所する際には楽隊入りで送られて来たという変わり者で、至極朗らかで、気軽くいつも室を賑やかしている」。「児玉さんはA級中最年少者で、四十前で一番元気なはずであるが、何か心配事でもあるのか、時々考え事をしている。ここに入った時よりはかなり疲れたらしい」

昭和二十二(一九四七)年七月に雑房内での部屋替えが行われた直後、昼食後中庭での自由散歩が許されるに至る。この行動の自由に対する喜びは、何物にも代え難かったらしい。だから石原も「入所以来一年八ヵ月の間に、今日のような寛大な取扱いを受けるのは初めてである。A級約四十名の者は平均六十二才の老人共で、かつて大臣大将の栄職にあった者が、子供のように喜ぶ姿を見ると、その哀れさを禁じ得ないものがある」と、特記したのであった。

では自由散歩によって、巣鴨プリズン内の人間模様はいかに変わったか。石原の見るところ、トランプ組、囲碁組、禅問答組、駄ボラ組のように、遊びを中心としたグループの再編成がなされた。その中で目立ったのは、トランプ組と囲碁組とを縦横に往来した岸信介、駄ボラ組で爆笑連発の笹川良一、児玉誉士夫、太田耕造らであり、なかでも囲碁組の中心青木一男の才能はなかなかのものであったらしい。「青木は四段の腕前で素人としては日本でも有数の男だ。彼は大東亜大臣もやったが、敗戦で公職追放と転落したので、ここを出れば一局米一升ということで、碁会所を開けばまず飯の食いはぐれはないと、ノホホンを決めている」とは、石原の見方である。

だがその後十月末までに六割余りの人々が釈放されたため、最終的に残された十六名で部屋替えが行われた。またまた巣鴨プリズンの人間模様は変わる。人数の減少と寒さとで自由散歩は中止となり、「室の中で読書ばかりもしておれぬので、最近は俳句、和歌、狂歌などに熱心な方が増えてきた」と記している。

エリートの述懐

それからさらに一年、A級以外の未決囚と共に軽労働、映画会、演芸会などを行った末、彼らはすべて釈放された。石原の巣鴨生活の総括は次の言に尽きる。

「ここでは、娑婆の常識を以て律すると何事も癪にさわる。不愉快になる。それを気に掛けていると神経衰弱にもなる。そこでここでの生活は馬鹿になって、家畜の生活をする気になれば、さほど苦にもならないものだ」

すでに見たように、帝国を支えたエリート中のエリートたる生《は》え抜きの官僚と軍人とが、「家畜の生活」に最も馴染《なじ》まなかった。戦後半世紀以上がたち、巣鴨プリズンの世界の記憶はほとんど消失しかかったものの、この点だけは今なお変わらぬ真実かもしれない。

第三章

戦後を写す

——仕掛けるメディアと切り取る作家

❖時代を「仕掛け」たジャーナリストの肖像

『渡邉恒雄回顧録』（中央公論新社）

御厨貴［監修・聞き手］ 伊藤隆・飯尾潤［聞き手］

オーラル・ヒストリー。我々は、公人に公職の体験をクロノロジカルに語ってもらうことを、こう呼んでいる。すでに多くの政治家、官僚などのオーラル・ヒストリーを開始し、その一部は公刊に踏み切っている。元副総理・後藤田正晴の『情と理』（上下巻、講談社、一九九八年。のちに講談社＋α文庫、二〇〇六年）に次いで、前東京都知事鈴木俊一の『官を生きる』（都市出版、一九九九年）などがそれだ。オーラル・ヒストリーそのものに興味のある方には、政策研究大学院大学創設記念シンポジウムをまとめた『政策とオーラルヒストリー』（中央公論社、一九九八年）がある。

そのような中で、渡邉恒雄のオーラル・ヒストリーは、やはり特異な位置を占める。なぜなら政治家や官僚と異なり、新聞人、ジャーナリスト、政治評論家は通常、政治・行政の主体にはならないからだ。あえて傍観者とまでは言わないものの、政治に対する批判的役割を果たす点で、客体に位置するものであろう。だがここに〝政治記者〟という非常に不思議な存在がある。明治以来、政治記者は常に政治家と伴走してきた長い歴史を持つ。

政治記者は〝ネタをとる〟という本来の職務に基づく政治家・行政官とのつきあいの中で、いつしか自らが政治・行政の重要な構成部分と化していく。かくて政治・行政の客体から主体へと転じたとき、政治記者が〝書く〟行為それ自体が、〝手入れ〟と同じ意味内容を持つことになる。そしていつのまにやら書くことは後景に退き、手入れに専念するといった事態になってしまう。戦後に限ってみても、各社に書かざる伝説的大記者が存在した。

渡邉恒雄にも、むろんそんな政治記者の一面がある。もっとも渡邉は他の政治記者とは異なり、書くことをやめたことは一度もなかった。彼にとっては、書く行為、書くぞという行為が武器なのである。その意味で、渡邉は戦後政治の裏表を語るオーラル・ヒストリーの当事者として、もっともふさわしい一人と言えるだろう。むしろ、生涯政治記者として今日まで走り続けてきた観のある渡邉に、二十一世紀を目前に控えてこのあたりで一服してもらいながら、日本政治を、そしてまた政治記者生活を、氏独自の視点から振り返ってもらったのは意義あることにほかならない。

さて渡邉のインタビューは、忙しい社長業の合間をぬって、一九九八年八月の夏休み期間に集中して一回三時間前後、全部で三十時間に及ぼうとするハードな作業となった。渡邉はしゃべるほどに元気になり、オーラを発し、我々インタビュアーを圧倒した。我々は一回終えるごとに、ものも言えぬほどくたくたに疲れてしまった。それはひとえに渡邉の語る態度が真摯でいてユーモアを欠かさず情熱的であり、さらにその内容が驚きに満ちたものばかりだったからである。

そこで我々は、アカデミックな検証に耐えられるよう速記録を整理しながら、とりあえず集中連載の形で『中央公論』に発表した。書籍化にあたっては、連載中に寄せられた読者からの情報や指摘、同時並行して収集した資料、さらに本人から提供された貴重な資料をもとに加筆訂正を加え、より内容の正確さを期し、厚みをますことに努めた。

語り口のよさと内容の重み

第一章では、オーラル・ヒストリーの常として、若き日のライフ・ヒストリーに焦点をあてた。ここでは渡邉の幼少期から大学時代までを扱う。時代的には、戦前・戦中・戦後という価値観の変転きわまりない時期となった。おそらく読者は、〝講談調〟とも言うべき渡邉の独得のやや伝法な語り口に、思わず知らず引きこまれてしまうだろう。その結果、語られる内容の重さにもかかわらず、案外さっと読みとばしてしまうかもしれない。

こうした語り口のよさは、実は東京に生まれ東京に育ち、東京以外の生活経験があまりない渡邉の生き方に由来している。言い換えれば〝東京人〟渡邉に根差すテレの表れなのである。たとえば召集令状が来た件《くだ》りも渡邉はあまり深入りせずに語っている。しかし、それがいかに重い体験であったかは、渡邉が当時つけていた日記の一節にうかがえる。

同じことは、戦後の東大共産党細胞員としての活動についても言える。渡邉が言及している哲学者・真下信一《ましたしんいち》との主体性論争について、当時の渡邉の文章を抜粋、引用した。現在の渡邉の都会的な流れるような語り口と、半世紀も前に書かれた渡邉のやや晦渋《かいじゅう》な文章とでは、一見すると相交わる接点がないかのようである。

しかし、圧倒的に多い観念論的苦悩を表明した、いかにも論争直後を思わせる文章の間に、具体的な共産党細胞の学生の有様を描いた生き生きとした文章を見出すとき、そこに五十年を経た渡邉の語り口との明らかな交錯を読みとることができるのではないか。

こうした語り口からは、真剣かつ真面目に生きながら、しなやかにしてしたたかな言動をみせる実像が浮かび上がってくる。本稿は、渡邉の今の〝語り口〟と当時〝書かれた物〟とを常に比較対照させながら進めていきたい。

雑誌編集長から政治記者へ

八面六臂《ろっぴ》の大活躍という言葉がぴたりあてはまるのが、学生から社会人へと歩みを進めつつあった時期の渡邉恒雄である。学生の身分のまま雑誌編集者を兼ねていた渡邉と親友の森本哲郎。彼らは実際にどのように編集に携わっていたのであろうか。

最初に入った『哲学』編集部で、真下信一、清水幾太郎《しみずいくたろう》、田中耕太郎《たなかこうたろう》、武谷三男《たけたにみつお》、松村一人《まつむらかずと》、星野芳郎《ほしのよしろう》らの原稿を取りにいった思い出が渡邉にはある。では同じく思索社の『思索』の編集部に転じてからは、どうだったであろうか。ちなみに『思索』は一九四六年四月に季刊誌として発刊され、一九八四年五月に月刊化、一九四九年三月号より荒垣秀雄《あらがきひでお》「人物評論」の連載が始まり、猪木正道《いのきまさみち》が常連となる。どうやらこの前後から、渡邉が編集の前面に出てきたように思われる。

そうして一九四九年七月号から、渡邉の署名入りの「編集後記」が登場する。当初は四分の一ページ程度だったものが、書くことへの意欲が日に日に強まったであろうか、号を追うごとに字数が増え、時には半ページをも占めているのが印象的だ。

本書の六二三－六二五ページに渡邉の当時の社会に対する見方と、その気分を最もよく表現している二編を『思索』の九月号と十一月号から再録した。それら以外の一九四九年下半期の一連の「編集後記」において、渡邉は、繰り返し『思索』の編集方針に触れている。曰く、「知識人のイデオロギー的指標でもある綜合雑誌は、もはや安易な商業的オポチュニズムに流れてはならず、一切の怯懦《きようだ》と訣別して、平和への強固な意志に貫かれた強靭な知性に武装されねばならないであろう。だが編集者の性急な政治的思惑や、徒らに時流に敏なろうとする焦慮から、編集を特定のイデオロギーにぬりつぶすのは綜合雑誌の使命を放棄することともなろう」(一九四九年八月号)。

曰く、「思索もしばしば編集方針が右翼的だとか左翼的だとか、あるいは左右雑魚寝的だとか云われています。然し我々は特定政党の宣伝誌や、特定学派の機関誌を作る意図などは毛頭ないので、人民の自由と平和とへの善意の含まれている限り右も左も公平に載せ、その点で最もリベラルな綜合雑誌を作る積りです。反対者の意見を封じて聞こうとしない態度は、上は国会から下は街頭の口論に至るまで極端に現わされている日本人の悪癖だと思います」（一九四九年十月号）。

ジャーナリズム、とりわけ雑誌ジャーナリズムをめぐって、半世紀前の渡邉と今日の渡邉とで、その主張のどこが重なりどこが異なるか。比較を試みると、なかなかに興味をそそられる問題ではある。

さて続いては、中央公論社の入社試験に落ちたエピソード（九三－九四ページ）。その理由と覚しきものがあれこれ存在するのだから、これは渡邉の大物ぶりを彷彿《ほうふつ》とさせる。もっとも渡邉自身はいまだに元共産党員説を固く信じているようだ。しかし嶋中雅子《しまなかまさこ》社長（後に新社会長）は故鵬二《ほうじ》元社長からの直話として、「個性が強い者はうちにはむかない」と聞いている。また当時の社には少なくとも数人の共産党員がいたから、そのことがメインの理由とは考えられないとも語っている。いずれにせよ真相はいまとなっては藪の中という他はあるまい。

さて、読売新聞社に入社した渡邉は『読売ウイークリー』に配属される。鳩山一郎《はとやまいちろう》邸の取材だ。一九五一年といえば、そろそろ占領が終わり講和・独立がタイムスケジュールにはいっている時期である。一九四六年五月、政権を目前にして追放された鳩山一郎の政界復帰が近くなり、吉田自由党内閣の鼎《かなえ》の軽重が問われる……。そのような政局激動を予測させる時代に、渡邉は記者生活をスタートさせた。

『鳩山一郎回顧録』（文藝春秋新社、一九五七年）によれば、鳩山が倒れた日は、やはり自由党復帰か新党結成かの大議論が鳩山邸で展開されていた。鳩山はこう述べている。「とにかく朝から三時間もぶっ通しの大激論が行われ、そこへお昼頃になったのでお膳が運ばれて来た。そこで私もこれは一寸座を外した方がその座の空気から見てよかろうと思ったので、便所に立って行ったのである。便所に入って用を足し始めると何うも体の調子が変だ。気持が非常に悪くなって来た。これはおかしい、もしものことがあってはと思い、用心のために戸を開けておこうと思って手を伸ばそうとしたら手が利かなくなってしまっている。そうして耳の後ろのところから頭の内にかけて内出血するのが自分で分るのだ。ジーッと血が流れている。こりゃア参ったな、と思った。誰か早く来ないかなと……大きな声を出しても、いくら呼んでも誰も来ない。その時利く方の足で戸を蹴ったが、このため血が余計に出過ぎたと思う。そこへ妻達がかけつけて来た」

当事者鳩山一郎の回顧談と、渡邉の証言（一一四－一一六ページ）とを合せてみると、やはり緊迫感が伝わってくる。

次は一九五二年八月の「抜き打ち解散」、それに翌五三年一月の鳩山・広川会談（一二六－一二九ページ）。当時鳩山派は政局の節目節目で吉田派に押さえこまれていた。しかし吉田支持派の中でも、吉田の緒方竹虎登用（官房長官、ついで副総理）にともない、かつての腹心広川弘禅《ひろかわこうぜん》が離れていく。「三木（武吉）君は、そこいらの微妙な心の動きを見抜いて、実に巧妙に広川君をつかまえて行ったことになる。事実、三木君が広川工作を始めたのは、抜打解散の選挙が終って、ステーション・ホテルに立てこもり、当の広川君を真正面の対手にして、首班争いをやっていた最中からなのだから驚いたものだ」と鳩山は記している。さらに吉田・広川会談について鳩山は「その席では、何ら政治的の話も出なかった。ただ広川君が『いままでは、いろ〳〵失礼をしましたが、これからは御指導願いたいから、よろしく……』というようなことをいったように覚えている」とさりげなく述べている。

しかし、後に渡邉自身が自らの見聞を基に書いた初の著書『派閥　保守党の解剖』（弘文堂、一九五八年）で詳細に分析するように、これが一九五〇年前後に吉田自由党の最大派閥として八十余名を誇った広川派凋落の契機となった。事態はその後の「バカヤロー解散」で決定的となる。すでに「反主流」派に転じていた広川は、鳩山派とともに自派を吉田の懲罰動機の際に欠席させる。動議が可決されたと知るや吉田は広川農相を罷免した。全面対決の場面である。しかし、ここで広川派は明らかにひるんだ。内閣不信任案には一転して反対しておきながら、議会解散と同時に鳩山派とともに自由党を脱党したのである。しかも広川とともに脱党したのはわずかに十二名。こうして足下を見すかされた広川は、吉田からさらに追い打ちをかけられた。自由党佐藤幹事長の下、新人安井大吉のためにこの選挙で広川は落選の憂き目にあい、再起不能の打撃をうけたのであった。そこで広川派はもののみごとに雲散霧消してしまった。

渡邉は自著の中で、次のように書いている。「吉田を裏切り、鳩山陣営に走った広川に対する批判は政界の内外を問わずきびしかった。同盟軍の鳩山直系組の間にあってすら、薄気味の悪い異分子として扱われた。筆者はこのときの総選挙の開票結果が判明した日、音羽の鳩山邸で、石田博英《いしだひろひで》が鳩山に『本当のところ広川が落選したので我々はほっとしているのですよ』とささやくのを聞いたことを今でも忘れられない」

あたかも一編の政治講談を聞くような話である。もっとも昭和二十年代後半の政治には、単に政治家のみならず、院外団や新聞記者までが同じ政治の舞台にかけあがっていたせいか、生き馬の目を抜くような講談調の話が実に多い。しかも報道の現場は、「抜かれたら抜き返す」精神で満ち満ちていた。こうした新聞記者の性《さが》に、しだいに渡邉もめざめていく様子が、手にとるようにわかるではないか。

さて渡邉は河野一郎をどのように見ていたか。同じ著書の中で渡邉は次のように考察している。

「河野が実力者中の実力者と呼ばれる所以は、河野一郎という政治家の特性が『力』の政治家であるという点だ。この『力』とは何の力でもよい、智力、気力、精力はもとより、金力から暴力に至るまでを含んでいるのだ。はるか戦前のこと、鳩山一郎と中島知久平が政友会で総裁争いをしたとき、鳩山配下の河野は横浜の沖仲仕《おきなかし》をひきいて、中島派の立てこもる政友会本部になぐりこみをかけたという。終戦直後ならした暴力団関根組の親分と盃をかわした話や、清水次郎長の末裔の親分とも兄弟分同様であるという話を筆者自らも河野から聞かされたことがある」

そんな河野を、鳩山は「俺を離れて吉田に走る口実に、河野は悪口をいわれている」と徹底的に擁護したと、渡邉は書いている。

ここで小さなエピソードを一つ。安藤正純《あんどうまさずみ》が第一次鳩山内閣でなぜ文部大臣になったのか。鳩山の回顧では、「安藤君は、吉田内閣の閣僚だったというので一部に反対の意見が出たが、彼と私とは、友人というよりは、政治上の兄弟のような間柄であるし、その上安藤君は平素から『オレは鳩山内閣の文部大臣をやるのが終生の念願だ』と口ぐせのようにいっていたので、希望通り文相になって貰った」とまことにもって美談調だ。だがここに渡邉の証言という補助線を引くと、俄然《がぜん》話は変わってくる。薫《かおる》夫人は渡邉に「安藤正純さんがどうしても文部大臣にしろと言うんだけれど、主人は無任所でいいと言って、今日は散会になったの」と語ったという（一三七ページ）。補助線一本で風景が変わるというのもオーラル・ヒストリーの魅力であろう。

渡邉がまたも抜かれた鳩山・ドムニツキー会談もまたしかり（一三九—一四〇ページ）。これは日ソ国交回復の端緒として歴史的には重要な会談となるもの。鳩山曰く、「両国の間に、初めてそのための動きが出たのは、三十年一月二十五日、ソ連在日代表部のドムニツキー氏が、本国政府からの書翰を持って私のところへやって来たときから始まる。それは、鳩山内閣が出来て、まだ一カ月余りしか経っていない頃であった」。そして次の一節が、渡邉が抜かれた事実をピタリ言いあてている。「私は、手紙を渡すために会いたいというのなら会っても差支えないと思っていたが、新聞記者に見つかると、必要以上に騒がれるので台所から入って貰ったことを覚えている」

鳩山はあえて言及していないが、渡邉によればこれにも仕掛けた記者がいたと言う。そうこうしているうちに、渡邉は「仕掛けて抜くこと」の快感に魅せられていく。

密室の保守政治家たち

政治部記者としての渡邉恒雄の活躍は、いよいよ佳境に入る。吉田茂から鳩山一郎への政権交代による熱気がムンムンと伝わってくるような語り口ではないか。しかも渡邉は岡義武《おかよしたけ》東大教授の「近代政治家のストラテジー」(『近代国家論』第二部所収、弘文堂、一九五〇年)なる政治学の論文を彼なりに要約して、吉田と鳩山にぴたりとあてはめている(一五〇ページ)。ちなみにこの部分は岡論文では次のようになっている。

「その点に関して、近代政治家には二つの対蹠的な類型が考えられる。第一は、主として、大衆をして彼に対する親近感をもたせることによって大衆を把握するタイプの政治家である」「第二は、第一のタイプとは逆に、主として、大衆に彼との間の距離感を強く意識させて、それによって大衆の心を捕えるタイプの政治家である」

鳩山の大衆的人気を支えた一つの要素が薫夫人の存在だろう。一五二ページで渡邉が語っている薫夫人の演説について、鳩山一郎自身の印象を聞こう。

「それからもう一つ、あの時の遊説で、妻の演説というものを初めて聴いた。全部で四、五カ所だったが、『随分大きな声を出す奴だな』とビックリした。謡曲を習ったせいかも知れないが、マイクに入れると一層よく通って言葉もハッキリしている。その後、もう一度聴いてやろうと、チャンスをねらっているが、なか〳〵その手に乗って来ない」（前掲『鳩山一郎回顧録』）

鳩山ブームの中に成立した保守合同は三木武吉・大野伴睦会談から始まる。渡邉も関与した『大野伴睦回想録』（弘文堂、一九六二年）に、さすがにこの件は詳しい。三十年来の「政敵」で口をきいたこともない二人の大政治家が、「保守合同」の大義名分のために手を結ぶに至る経緯はいかなるものだったのか。この点を回顧して大野は、「三十年間もお互に、一歩も立場や主張を譲らないで競い合ったガン固さが、ひとたび氷解すると、かえってお互を尊重し合い強い推進力となって十分にその力を発揮出来たように思う。本当の意味の『政敵』とは、そういうものかも知れない」と語っている。渡邉の証言と『大野伴睦回顧録』をつきあわせると、三木・大野会談の全体像が明確に浮かんでくる。ここでは正力松太郎との関係について大野の言葉を引用しておこう。

「一方、三木さんが私に保守合同を持ちかける以前、正力松太郎氏も熱心に、大同団結を唱えていた。何度か私にも呼びかけてきたが、時期尚早と応じなかった。三木さんと会っているうちに『財界の藤山愛一郎君も、合同の必要を熱心に唱えているから、彼も加えたい』と三木さんからの申し出があった。そこで私は正力さんから呼びかけのあったことを語り、この際四人で会うことにした。

三木さんはいかにも智慧者らしく『正力君や藤山君から再三、話があったのを放っておいて、二人でこっそり会っていたのでは、先方に失礼だ。明後日、四人で会っても、君と僕は、はじめてこの件で会ったような素振りをしよう』」（前掲『大野伴睦回顧録』）

これに渡邉の「三木への正力からの二〇〇〇万円」という補助線（一六二ページ）を引くと、話は実によく見えてくるではないか。

なお鳩山自身が保守合同に積極的でなかったことは、鳩山の『回顧録』にもうかがえる。「元来、私は、はっきりいう、是が非でも保守合同はしなければならないという考えは持っていなかった。英国のように、対立する二つの政党の間に、共通の広場のようなものがあって、国民も政治家も良識をもって行動する国は別として、日本のようなところではそうはいかない。保守合同をした場合政局はある程度安定して政府は永続きするかも知れないが、二党の間の争いは猛烈になるのではないか。保守党が二つに分れていても、その一つ一つが大体全体の三分の一の力を持っていれば政府は永続きしなくとも、争いは余程緩和されるのではないか——という考え方を持っていた」。

いよいよ自由民主党が成立し、ポスト鳩山の最初の自民党総裁公選を迎える。「金が乱舞」したという渡邉の証言（一六七ページ）を補強する意味で、朝日新聞政治部記者だった後藤基夫の『戦後保守政治の軌跡』（岩波書店、一九八二年）における言を引いておこう。

「あの選挙以来、金が飛ぶ総裁公選になったことは確かなんだ。岸が登場してきたら必ずそうなるというんだな。当時言われていたのは、『臨軍費』という考え方が総裁公選に持ち込まれたと」「戦争中の臨軍費は政治に使われたし、どう使おうとかまわない。あれは罪にならないんだから。岸はそれをよく知っていた。総裁公選は選挙法が適用されないしね。だが、言われている金の額はちょっと怪しいと思うよ。石橋の方はそんなに金があるはずがない。だから約束手形はみんなポストだった」

実は保守合同からポスト鳩山へかけての渡邉証言の特色の一つは、正力松太郎の存在の大きさにある。自民党総裁になりたかった一年生代議士、読売新聞社主の正力松太郎。保守合同後の第三次鳩山内閣への入閣は、三木武吉、河野一郎の推薦だったと鳩山は言う。やはり保守合同に際しての三木への資金援助の見返りの意味があったのであろう。もっとも鳩山は「特に正力君については、ソ連と国交を回復すると、日本が共産化されはしないかという危惧の念をいだく者がいることは事実だったので、治安に経験のある彼を入閣させた方がよいと考えたからでもあった」と付け加えている。

この正力の下に旧改進党革新派（北村徳太郎派）の中曽根康弘《なかそねやすひろ》、桜内義雄《さくらうちよしお》、稲葉修《いなばおさむ》の三人（本文中に登場するいまひとりの安藤覺はこの派閥に属していない）が馳せ参じるのも興味深い。中曽根は『天地有情』（文藝春秋、一九九六年）の中で、次のように述べている。

「私が原子力問題をあれだけ思い切ってやれたのは後援者がいたからですよ。一人は三木武吉さん。あの人はやはり先端を行く人でした。原子力にひじょうに関心を持っていて、『中曽根君、思い切ってやれ』と支援してくれましたね」「科学技術庁も原子力委員会も、みんな、私と松前重義さんと前田正男君と志村茂治君の四人で合同委員会をつくつて法案化したのですが、その上に正力さんにのっかってもらったわけです。正力さんは一〇〇パーセント私を信用してくれて、私に任せてくれました」

原子力問題を焦点として、三木－中曽根－正力が結ばれていくプロセスが、よくわかると言えよう。ちなみに、これらの問題について詳細な検討を加えた佐野眞一のノンフィクション『巨怪伝』（文藝春秋、一九九〇年。のちに文春文庫、二〇〇〇年）は一読に値する。

一七一ページで語られる中曽根と渡邉との九段の議員宿舎での交流について、中曽根はこう回顧している。

「新聞記者も遠慮なしに部屋の中まで上がり込んできて、よく議論したもんですよ。渡辺《［ママ］》恒雄君、氏家斉一郎君、佐藤正忠君などよくやってきてサントリーのビンを空にして。だから、子どもたちはいやがって、新聞記者が来るっていうと、箒に手拭い掛けて玄関の隅っこに立てかけたりしたもんですよ。それが帰りに新聞記者に見つかったりしてね」（前掲『天地有情』）

岸内閣への中曽根初入閣の一件でも、中曽根当人は「六回当選ともなれば、だいたい順番通りに閣僚のポストが回ってくるわけで、私自身、それまで科学技術庁をつくったり、原子力のことをやっていたから、はまり役だというのがマスコミ評でしたね」とサラリと述べている。また造船疑獄追及をめぐる大野伴睦との和解（一九〇－一九二ページ）については、次のようなエピソードを語っている。

「そして、保守合同で、大野伴睦さんといっしょになったわけですよ。そしたら、三木武吉さんが間に入って『おい、中曽根君、伴ちゃんと握手しろよ。伴ちゃんだってああいうやつだから、握手すりゃあなんとかわかってくれるよ』と。それで、三木さんの仲介で大野伴睦のところに行って、『いや、ご迷惑をかけました』といって握手しました」

はたして渡邉が間に入った和解が、二度目のそれも入閣を控えての念押し効果をもつものであったか否かは詳らかではない。

第三章の証言の結びは、『派閥』を始めとする執筆活動である。『派閥』では、大野伴睦、岸信介、中曽根康弘の三人との交流が深かったことを反映して、岸派、大野派、河野派それに旧改進党革新派（北村派）の分析が、最も精彩を放っている。「派閥の宿命」と題する一文の引用の中に、渡邉の人間観・政党観をうかがうことができる。それはまた現在の時点での渡邉の証言に見られるものと合致する。共に党人派として肝胆相照らす仲となったはずの大野と河野との間にある微妙な感情の差。渡邉の語りにおける述懐を思い出しながら、大野派と河野派の派閥としての相違を表わした「白政会の由来」なる一文の引用を是非お読み頂きたい（六二五－六二八ページ）。さらに岸派の今後を展望した「岸信介の命運」も、言いえて妙である。

『派閥』は、ライバル社の朝日新聞社刊行の「週刊朝日」（一九五八年十月十九日号）に書評が掲載された。当時、渡邉の著書がどのように読まれたかを、この書評からその一端を垣間見てみよう。

「要するに本書は、自民党内における官僚派の台頭に対して、もちろん著者自身の信念でもあろうが純粋党人派の言い分を支持し、強く主張したものといえよう。党人派の弱点、不勉強ぶりももっと厳しくつくべきであろうが、官僚派批判というかぎりでは、時宜をえている。ただ派閥各派の評価になると、大野伴睦および大野派への採点が（派閥を書くのに派閥の一方の親玉である大野の序文を載せていることは不見識である）ひどく甘い、いい面ばかり取上げてやっているかに見えるのは納得できない」

渡邉の意図をきちんと把握した上で、大野伴睦とのあからさまな関係を批判するという、目くばりのよくきいた書評になっているとは言えまいか。

派閥記者からの飛躍

政治部の記者は、いずれも政治家の〝番〟記者として育っていく。鳩山番から大野番そして岸番と移り変わる渡邉恒雄の軌跡に、それは鮮やかだ。しかしニュースソースに限りなく近づく過程で、〝番〟記者には罠《わな》が待ちかまえている。知っていながら書けないという罠だ。また対象とあまりにも密着しすぎたがゆえに、いつしかその代理人や代弁者の役割に陥っていく罠も至る所にある。

大記者に化けていく過程にある渡邉恒雄にしても、こうした悪魔的な魅力をもつ罠の存在に気づかなかったはずはない。第三章から第四章にかけてのインタビューの端々で渡邉が匂わせているのは、一つに抜きんでると同時に幅広く手を広げていくやり方である。それはどういうことか。まず渡邉の場合は大野伴睦に徹底的に食いこみ、大野派の中で抜きんでた存在になったことである。自らが院外団出身であった大野にとって、凡百の政治家よりも、政治記者として一頭地を抜いた渡邉の言動が気に入ったであろうことは想像に難くない。だから、渡邉は大野番をやめないし、やめさせられない。それと同時に、岸信介、河野一郎、中曽根康弘、大平正芳といった他の有力政治家たちとの交流の拡大にも精力的に励んでいる。

　注意せねばならぬのは、こうした多様な人間関係の構築のためには、古いタイプの記者がよく扱う事件情報や人事情報だけでなく、政策情報や外国政治事情にも通じていなくてはならなかったことだ。言い換えれば常に勉強を怠らず、新しいレベルの情報の開拓をこころがけていなければ、多くの政治家の信頼を得るのは難しい。渡邉が万巻の書を読む気概を示した所以《ゆえん》である。また渡邉が朝日新聞政治部記者だった三浦甲子二《みうらきねじ》を高く評価しながらも、文章が書けない記者として自分とは異なるタイプと明言したのも、このことに関連する。

　要するに渡邉は、書くことによって自らの存在を知らしめるタイプであった。この時期の渡邉のまとまった著作物のうち、①『派閥　保守党の解剖』（弘文堂、一九五八年）、②『派閥　日本保守党の分析』（同、一九六四年）、③『政治の密室　総理大臣への道』（雪華社、一九六六年）の三冊は、自民党の派閥の実態と変遷を描き出している。それぞれが独立した著作というよりは、①↓②↓③と時期によって古くなったデータとエピソードを入れ換え、いわば最新の生態学を伝えるために改訂を重ねるといった趣きである。

六二八―六三二ページには②と③から、大野伴睦についての渡邉の文章を引用した。第一は一九六〇年七月のポスト岸の総裁選で、党人派一本化のため大野が立候補を突然取りやめるという混乱の中で、池田勇人に最終的に敗北したときの光景を綴《つづ》ったもの。ドラマ仕立ての装いを凝らした文章でありながら、しかしよく読めば、どこか大野をつき放したような渡邉の冷静な考察を窺うことのできる一文である。

さらに渡邉の大野に対する綜合評価は、二番目の文章に現れている。ただし渡邉は、大野における二律背反的要素、すなわち利害打算を超えた義理と人情の部分と、巧妙な政治技術を駆使して妥協と転身をはかる部分との人格的一体性を高く評価し、というよりはむしろそこに惚れこんでいたことが明らかになる。

その大野を、そして河野一郎を窮地に追いこんだのが、同じく党人派の川島正次郎《かわしましょうじろう》であった。大野にも河野にもない、川島の徹底した現実政治家の一側面を渡邉は③の中で、「私が感心したのは、昨日までの盟友と敵対関係になろうと、そんなことは、一向に彼は気にせず、しかも間もなくヨリを旧に復してしまうことであった」と書いている。

渡邉の筆は特に派閥衰亡史において冴えをみせる。広川（弘弾）派、石井（光次郎）派そして大野派……。それはとりもなおさず党人派の衰亡史であった。渡邉は③の中で、「大野伴睦も、この選挙（ポスト岸の総裁選・筆者註）で三億円近くの資金を費やしたというが、その結果は、副総裁の椅子を失い、自他共に、二度と政権を狙うチャンスはないことを認識しただけであった。政界入りして五十年間、夢に見た椅子は、これで永久に手に届かぬものになったのであった」と総括している。政権をあきらめ衰亡する派閥の長の〝番記者〟をこれ以降も務めたことによって、これから政権をねらう興隆する派閥の長の〝番記者〟にあっては絶対に感得することのできない政治に対する独特の勘のようなものを、この時期の渡邉は養っていったのではなかったか。

ところでポスト岸の総裁選以来、晩年の大野が反佐藤・親池田であったことはよく知られている。渡邉の証言（一二九ページ）に加えて、②の渡邉が書いた関連部分を引いておこう。

「ともあれ、大野と佐藤とが、本格的に対立し、大野が『死をもって戦う』気持ちになったのは、三十五年の総裁選以来である。三十九年の公選で佐藤が敗北した最大の原因は、大野派が大野の死去の翌朝池田三選支持を申し合わせたことのためもあるが、この意味ではたしかに、大野は『死をもって戦い』かつ、勝利したともいえる。同時に、池田三選の成功は、大野の親池田への転身のおかげであったのだが、大野の転身の裏には、池田が長年の政敵、しかも敗軍の将を、篤く遇した巧妙な作戦があった。池田は、次の天下を狙う佐藤を牽制するために、まず大野と接近し、次に河野と手を握ったのだが、『寛容と忍耐』の低姿勢政策は、長期政権維持のためのこのような配慮を、抽象的に表現したものにほかならない」

一九六四年三月に突然倒れた大野を「俳句」を使って政治的に〝生かす〟工夫を施した様子は、渡邉の証言(二五一ページ)に詳しいが、政敵佐藤栄作が大野の病状をどう見ていたか。『佐藤榮作日記』第二巻(朝日新聞社、一九九八年)を見てみよう。

「三月三十一日　大野氏の入院問題は政界に話題提供。

四月二日　出がけに大野氏を病院に見舞う。勿論会えない。奥さんも来ていないので非常に悪い容態とは思はぬが、先づ劇《ママ》務には耐えられまい。気の毒なことだ。

五月二十九　この閣議途中、大野伴睦氏の訃報至る。かねてから入院加療中ではかばかしくないとの見方が有力だったが、極力症状を秘して居ただけにこの死は敵も味方もショッキングである。池田の打撃殊の他大か。十二時前、大野邸に悔みに行く。この死をめぐり新聞放送賑やか。

五月三十日　大野派朝食会を開き、『結束して公選にのぞみ、伴睦老の遺志即ち池田三選を支持する』と決議する。予想された事だが、一応、水田君の成功か。主人を失った直後に再縁せずと同一か」

佐藤はある程度大野の病状をつかんでいながら、やはりその死に驚きを隠せない。その意味では、渡邉の関与した工作は成功したと言ってよいのだろう。

かくて渡邉は政治記者として〝大記者〟に大化けしていく。大化けとは何か。自ら語るようにニュースを仕掛け、作ることができる存在になるということだ。つまり〝パーティシパント・オブザーバー（Participant Observer）〟そのものになるのである。その点で特筆すべきは、一九六〇年六月十五日の樺《かんば》美智子《みちこ》の死亡に伴う翌日の「政府声明」のドラフトを渡邉が書いた件［❖4］である（二一二―二一五ページ）。渡邉は樺家への追悼の部分を削除されたと嘆いているが、閣議はそれどころではなく怒髪天を衝く勢いで、タカ派論議がまかり通っていたらしい。科学技術庁長官だった中曽根康弘の日記（前掲『天地有情』）にその様子を窺うことができる。

「六月十六日（水）午前零時十八分より緊急閣議。全学連の国会デモにより女子学生一名死亡。双方に多数負傷者あり。池田氏が椎名（悦三郎）長官の談の手ぬるさに対し開催を要求した由。今回も同様、岸、佐藤は、高姿勢にて、国際共産勢力の陰謀につき最大限に警察力を動員して厳戒し、その旨の高姿勢の声明を改めて出そうとする」

閣議が総じて強硬姿勢一点張りになりがちな中で、唯一人中曽根だけが渡邉の気分に近かったようだ。次のように亡くなった樺美智子とその両親への配慮から、社会の雰囲気を読みとった上で発言をしているからだ。

「本日以降、社会情勢は一変するであろう。彼らはアイク来日の十九日に一大国民葬を営み、何万もの人間を集めるだろう。大隈（重信）の国民葬の如し。死とか血を見ることは日本人には非常なショックを与える。本日、原子力委員会を人事院ビルでやっていると、窓下に高校生が多数デモっていた。彼らの父兄は必ずこれに影響される。死んだ女子学生と同年の娘を持った父兄も影響されるであろう。そして何万という群集に葬儀場でアヂったらモッブ（暴徒）化し、アイクや岸の身近に思わざることが起こる」

ニュースを仕掛けた次なる話題は、ロバート・ケネディの来日にまつわるエピソードである。ケネディを渡邉が銀座の一杯飲み屋に中曽根ともども連れ出した件り《くだ》（二三三ページ）について、当時のライシャワー駐日大使は、日記の中で次のように述べている（『ライシャワー大使日録』講談社、一九九五年）

「ロバート・ケネディは早めに宴席（外務大臣主催夕食会・筆者註）を引き揚げ、庶民の集る居酒屋に顔を出した。彼はそこでアイルランドの歌を歌うなど、いろいろと愛想をふりまいたらしい。これは大成功で、『読売新聞』に大々的に報じられた（これは読売が単独インタビューのかわりに仕掛けた企画だった）」

仕掛けといえば、大野亡き後の大野派を割るのも仕掛けに違いない。取材対象を渡邉が逆にコントロールし始めているのだ。そのことの正当性の根拠を、渡邉は西洋見聞の経験を踏まえてアメリカ政治の中に見出す。“The Making of the President 1960”（邦訳『大統領になる方法』渡辺恒雄・小野瀬嘉慈訳、弘文堂、一九六四年）を書いたセオドア・ホワイトの取材力を見よ、ワシントンポスト社主のフィリップ・グラハムの大統領選への肩入れの仕方を見よ……というわけである（二五七―二五八ページ）。

野心と無邪気――仕掛けて書きまくり〝毀損褒貶〟はなはだしくなる大記者渡邉恒雄を一言にして評するとすれば、これにつきるだろう。

読売新聞社の土地問題と佐藤栄作

大野伴睦が倒れ池田勇人が倒れた後、首相の後継者は河野一郎か佐藤栄作かで巷間さまざまなことが言われていた。渡邉は大平正芳の存在に注目しているが（二一六―二六二ページ）、これについては朝日新聞政治部記者だった後藤基夫も言及しているので（前掲『戦後保守政治の軌跡』）、それを見てみよう。

「結局、池田の意思でも佐藤へということになったんだが、やっぱり池田自身いろいろ考えた末、佐藤になったんだろうね。気が弱くなったのかどうか知らんけれども。結局病床で、『佐藤』と書いたという。それを本人にやらせたのは、大平・田中だろう。それと大磯が入っている」

にもかかわらず、なぜ大平は反佐藤になったのか、後藤は再びこう言っている。

「佐藤と大平は、もともと気が合わないところがあった。佐藤は、大平が池田のダーティーな面の尻ぬぐいをしていると見ていた」

そして河野がなぜ選ばれると信じていたのかに関しては、「河野が浮かびあがらなかったというのは、いわゆる党人派の悲劇でもあるが、むしろ自分が天下を取るという判断をもちえた根拠、そっちのほうを知りたい気がするね。それについて書いてあるものはないでしょう?」

と後藤はさらに述べている。

渡邉はそれについて、非常にザッハリッヒ(即物的)に〝カネ〟であると証言しているのが印象的だ。

さて、第五章の渡邉の活躍は、なんといっても読売新聞本社社屋の土地問題につきる。この問題が社内闘争と佐藤政権への評価に直接連動しているのは、やはり驚きである(二六九-二七三ページ)。

一方の当事者たる佐藤が、この読売の土地問題をどう見ていたか、『佐藤榮作日記』第二巻、第三巻(朝日新聞社)から拾い上げてみよう。

この問題が最初に日記に現れるのは、一九六六年七月十一日である。この日の記載に、

「尚、別席で読売の務台君から社屋敷地並に福岡放送の陳情をうける」とある。

それからしばらく、この問題は水面下の攻防になるようであるが、翌一九六七年春には再び表面化する。三月一日の項に、

「十一時に読売の小林[与三次]、務台[光雄]両君が来る。例の土地の問題。此の辺できめなくてはなるまい」と佐藤は記している。〝待ちの政治〟と言われた佐藤、ようやく動き出すかといった感

じである。

続いて五月二日、

「小林、務台の読売の両君、土地問題で来訪」

六月十四日には産経側が呼ばれる。

「産経の稲葉〔秀三〕社長、土地の問題」

七月四日にはまたまた読売である。

「読売の小林、務台両氏がやって来て、どうしても国有跡地が欲しいと云ふ。大蔵省と話する事とする」

この時点で佐藤は、漸く行政レベルにこの話を下ろす決断をしたようである。

稲葉産経新聞社長は八月二十二日にもう一度佐藤を訪れている。それを受けて八月二十三日には佐藤の次のような記述がある。

「水野成夫君を招いて土地問題を話する。御辞儀をするのみ。何れ蔵相ロンドンより帰国後事務的に処理する筈。相当困った問題だが仕方はない」

はたしてお辞儀をしたのは水野だったか、佐藤だったか。いずれにせよ暖簾《のれん》に腕押しの状況だったにちがいない。

さらに半年間の抗争を経てついに結論が出る。一九六八年一月二十三日に佐藤は、「食後、例のサンケイ、読売問題は愈々この月曜の四者会談(福田・水野・永野・堀田)で最終的にする事」と書いて、さらにその後に「吉兆会に出席。堀田君に産経問題を更に頼む」と記している。だめ押しまでして、佐藤はなかなか積極的だ。

この後、同年三月十一日、国有財産審議会が大手町の国有地払い下げを承認している。したがって、渡邉が佐藤首相に呼ばれたのは、この年の一月末から三月初めの間だと思われる(二七〇ページ)。

さらに正式決定を見たのは、九月十四日のことであるから、それまでの間、渡邉が自ら証言しているように大蔵省との間に細かい詰めを行っていたにちがいない(二七六ページ)。日本のマスコミと最高権力者との関係を考える上で、この読売の土地問題は非常に重い意味を持った事例である。

しかし渡邉の証言によれば、読売だけが国有地払い下げで不当な扱いを受けているとの見方から、反佐藤感情を醸し出しているかに見える。したがって「連日内閣批判を一面で書きまくった」という証言(二六四ページ)に繋がってくるのではあるが、縮刷版で当時の記事を調べる限り、露骨に反佐藤的な表現は、あまりなかったということを付記しておこう。

この時期「四年間くらい」(二六五ページ)巻き込まれたという社内闘争の結果、喧嘩両成敗の形で渡邉はワシントン支局長に〝栄転〟する。アメリカでの取材ぶりはかつての入社当時の『読売ウイークリー』時代のように体当たり取材だったようである。本人が「歯磨きからロケットまで」

（二九五ページ）と豪語している所以である。

その体当たり精神の赴くところラルフ・ネーダーを日本に呼ぼうとする話に繋がってくる（二九四―二九五ページ）。渡邉がどのようにネーダー事務所に接近したかは、『読売新聞百年史』（読売新聞社、一九七六年）のなかから渡邉自身が述べているので、その話を引いておこう。

「湊和夫特派員は、昭和45年の初夏、まずネーダーの秘密事務所の一つを発見、ここからジェイコプズ（事務局長・筆者註）にわたりをつけ、交渉の糸口を開いた。そしてワシントンの連日30度を超す真夏から、氷点下10度以下に達する真冬まで連日のように、ネーダー突撃隊事務所に〝突撃〟を敢行した。こうしてジェイコプズと顔なじみになり、ネーダーとも直接会見できるようになった」

渡邉はワシントン支局長時代の経験を基に二冊の本を著している。一冊は一九七一年七月に『ホワイトハウスの内幕　アメリカの権力政治』（読売新聞社）と題して出版され、二冊目は帰国後まもなく一九七二年十月に『大統領と補佐官　キッシンジャーの権力とその背景』（日新報道）と題して出版されている。

タイトルから窺えるように、どちらもニクソン―キッシンジャー時代のアメリカ政治を解説し、そしてアメリカ政治をルーズベルトにまでさかのぼり補佐官政治の視角で分析したものである。しかしながら、渡邉の関心はアメリカ政治を通してむしろ日本の政治のあり方を考察する点にある。

ニクソンの側近を描き出すときの渡邉の筆は日本の政党の派閥を描き出したときのそれに酷似し

ている。逆に言えば、渡邉は民主主義の先進国であるアメリカの政治の裏側に、ほとんど日本と変わらない政治の実態――人と人の繋がりで運営される政治――を見出したとき、生き生きとアメリカ政治を語ることができるようになったと思われる。

当時の新聞記事のほうが緊張感のあるヴィヴィッドな叙述になっているので、そちらから抜粋した（六三二－六三四ページ）。アメリカの事例に日本の事例を重ね合わせた部分を選んでいる。たとえば、キッシンジャーが国務省を無力化した事例を、鳩山内閣が河野一郎を用いて重光外相以下外務省を無視した事例と重ね合わせる。さらにミッチェル司法長官を河野一郎と川島正次郎を引き合いにして語る……。

なお第五章の証言のなかでもっとも面白いのは、若き日には政治部記者による、特定の政治家の選挙応援演説が黙認されていたという点である（三〇五－三〇六ページ）。

多くの政治部記者が必然的に派閥記者と化し、そして特定の政治家との結びつきが、決定的になる理由は、このあたりにもあったと言うべきであろう。

決断の難しさ

第六章は渡邉が筆一本の大記者から、さらに社内組織を動かす新聞人へと変貌を遂げていく過程を扱っている。この時期渡邉は、つねに社内闘争の渦中にあり、決してその地位は安泰ではなかった。その分、社外に「書きまくる」ことが許され、また社内においても『週刊読売』の「水爆シリーズ」という連載を抱えていたことは、特筆に値するだろう。つまり、書く行為が、社内的地位を一面で補強することにもなるからである。

この時期に渡邉は、一回だけ評論家として立つ可能性を考えたことがある（三三五ページ）。だが、本人が述べるように社内闘争に勝利を収めた結果、読売新聞社の役員となり、社業全般を見る立場になっていく。

以下、細かい論点を検討しよう。

まず、田中角栄内閣における日本列島改造論についての評価である。渡邉はこれについて、終始「土建屋的発想」と否定的である（三一九—三二〇ページ等）。同じ問題について、当時通産大臣であった中曽根も『天地有情』で次のように述べている。「要するに『列島改造』というのは田中式開発発想なのであって、ほんとうの政治というのは『列島改造』というようなものではなくて、日本改革論というようなもっと厳かなものなんですよ」「『列島改造』にはまったく関心がありませんでした。これは建設省の仕事で官邸の仕事とは思っていなかった」

また朝日新聞社の政治記者であった後藤基夫は渡邉同様、次のように述べる。

「列島改造論の結果は何かと言えば、物価を上げ、投機を煽《あお》り、そして結局、そのババつかみが国民だった。誰もこの列島改造論のインフレと投機を止め得なかった。田中角栄がやめるまでに二年五カ月あったわけだが、その間にそれをやめさせるのではなく、逆にわあわあ言っているうちに、インフレになり、石油ショックを迎え、そのツケは国民に回された」（前掲『戦後保守政治の軌跡』）

次に渡邉は、第四次中東戦争の余波として起こったオイルショックによる売り惜しみ買い占め問題について、いかにもマスコミ人らしく、批判的に「大きなミスをしたんだ……何もなくなったガラガラのスーパーマーケット棚の写真を掲載したんだ」（三二一ページ）と述べ、公器としての新聞のあり方についてコメントをしている。

これに対して当時、田中首相の側近として官房副長官だった後藤田正晴は、買い占め売り惜しみ防止の緊急の法律を作るにあたって、その罰則規定を問題にしたという。

後藤田は田中首相に、「総理、罰則はあまり強いのはいけませんよ、と。（田中首相が・筆者註）なぜだ、と言うから、罰則が強いと罰則の構成要件を厳しく書かざるを得ません、そうなると、取締官庁は動きにくくなる、だから、逮捕さえできるなら罰則はいちばん軽いのがいい」

さらに続けて、「こういうときには、容易に取締機関が権限の発動ができて、あとは社会的制裁を加える形でやるのが賢明な方法ですよ」（前掲『情と理』）と述べている。

この二人の発言を重ねるとき、マスコミと政・官の関係がダイナミックに連動して興味深い。一方でモノが空っぽの写真報道があり、他方で売り惜しみの写真報道がある。これらをある意図の下に整理して、社会的制裁の文脈にうまく乗せれば罰則強化よりも効果的ということになるのだから、これは奇妙な連動である。

この章で、もっとも興味深いのは「保革連立政権論」である。「週刊読売」に連載された「水爆対談」(一九七三-七五年)、それに続く「水爆時評」(一九七五-七六年)を貫くテーマは、すべてがこの「保革連立政権」にある。

渡邉は、保守合同の結果、池田・佐藤内閣で官僚派が完全に党人派を押さえきったという事実を冷静に眺め、党人派を勝たせるためには、野党を巻き込む以外に手はないと考える(三二四-三二五ページ)。そのようにしかけなければ、政界は大きく動かないからである。

それは同時に、渡邉が、社内的に安定した立場になかったこととも関連する。社内闘争に勝つためにも、外への広がりを求めて、様々な人物との交流を深めなければならないという、渡邉特有のアクティビズムに他ならない。

次に公明党及び池田大作との関係である。

自自公政権はむろんのこと、都知事選挙をめぐる動きでも、常に、公明党をいかに取り込むかが焦点になっているが、その原点とも言うべき事例を渡邉は、一九六三年の東龍太郎の都知事選出馬問題に絡めて証言している(三四〇-三四一ページ)。

前都知事の鈴木俊一もその回顧(『官を生きる』都市出版、一九九九年)の中で、都市における公明党の重要性について触れているので、併せて参照してほしい。

ロッキード事件については稲葉修に関してのみ触れておく。中曽根は、田中逮捕で一躍有名になった稲葉の法務大臣就任について、次のように述べている。

「運命というのは不思議なもので、閣僚を決めるときに、原案では法務大臣は坂田道太君で、稲葉君は防衛庁長官でした。それを私が『稲葉君は防衛庁長官にはむいていない。あれは大学教授の法学博士だから法務大臣の方がいいんじゃないか』といって法務大臣にしたわけですよ。（中略）私がいったので三木さんは替えた。それで、稲葉君は田中逮捕にぶつかって、その後、田中君と対立することになった。偶然だったわけです」（前掲『天地有情』）

次に、四十日抗争に結び付く大平内閣の解散問題について渡邉は、当時の社説を引いて、自分はこれに批判的であったとコメントしている（三五七－三五八ページ）。後藤田はその回顧の中で、大平正芳の実直さを認め、次のように述べている。

「財政の再建を巡って、大平さんという人はああいう誠実な人であるだけに、経費削減を徹底しても間に合わないときには国民に負担を求めるということも、将来の日本の財政を考えた場合、われわれが選挙で正々堂々と訴えれば、国民は理解してくれるのではないかというあの人なりの判断があったと思いますね。（中略）ところが、選挙になってみますと、とてもじゃないけれど増税に対する厳しい批判が出てきたわけですね」（前掲『情と理』）

この章の最後は大平首相死後の鈴木善幸後継決定における中曽根の行動について語られる。

当時田中派にいた後藤田は、中曽根の大平内閣不信任案採決時の行動についてこう言っている。

「この時の中曽根派が本会議場に入ってきたということが、後に中曽根康弘さんが内閣総理大臣になれた原因のひとつではないかと思います。あの時、外へ出ていたら、絶対になれない。経歴としておかしいということにならざるを得ませんね。だから、政治家のそういった運勢というものは、まさに一瞬の判断で、将来に大きく影響してくるんですね。僕はそんな気がします。中曽根さんが天下を取れたのは、あの時に入ってきたからです。あの時に入ってこなかったら、田中派は絶対応援しない。そうしたら総理になれませんでしたよ」（前掲『情と理』）

こうして長期的には首相への道を確保したわけだが、ポスト大平は中曽根ではなかった。そのときの中曽根の動きをめぐって渡邉の証言は、首相、そして大蔵大臣・幹事長に固執する中曽根を説得する立場として、非常に生き生きとしている（三六四－三六七ページ）。

そして最後には鈴木善幸との仲介を放棄し、「もう中曽根と鈴木とを直接電話で話させよう。……手間暇かかってしょうがない」と、中曽根の我儘《わがまま》ぶりに手を焼いたと語っている（三六七ページ）。

対して、当の中曽根は次のように発言している。

「あのとき、私は『大蔵大臣に』といったんですよ。ところが、バランス・オブ・パワーで、河本敏夫さんと私のバランスをとるために、河本さんを企画庁に持っていって私を行管庁にした。『この内閣の大きな仕事は行革だから、中曽根さん、副総理格でやってくれ』という口実でした。（中略）行管庁長官を受けるかどうか派閥の幹部にも相談しましたが、私の肚《はら》は、受けるということで決まっていました。というのは、ここは一応勝負どころであって、鈴木内閣に密着して、その中で制覇していくという戦術の方がいいと考えていたわけですよ。だから、ポストは何でもよかった」（前掲『天地有情』）

三人の証言を重ねるとき、政治家のその場その場での決断の難しさが、ひしひしと伝わってくるではないか。

政権の奥深くへ

第七章では中曽根内閣をめぐる話を中心に、渡邉の活躍を語ってもらった。中曽根康弘が最高権力者になる場面と首相として意思決定をする場面に、いかに渡邉が絡んでいたかが見所となる。ただしこの期間は、渡邉が読売新聞社内にあって、一方で論説委員長、主筆という筆政の役割を担いながら、他方で取締役から常務、専務という経営者としての道を歩んでいく、いわば出世の二つのプロセスと重なっている。そのため渡邉の活躍ぶりも、かつてのように縦横無尽とはいかなくなったようである。したがって渡邉の証言は、ある側面で驚くほど微細に詳しく、しかし他の側面ではすっぽり抜け落ちてしまい、中曽根内閣の構造的側面あるいは政策的側面（行政改革、売上税など）については、意外なほど渡邉の証言はまっとうである。以上を前提にして個々の論点について見ていこう。

第一は、鈴木善幸から中曽根康弘への政権移譲のプロセスである。渡邉は中曽根に向かって、「鈴木再選論を言いなさい」と忠告するが（三七四ページ）、中曽根はその忠告を拳拳服膺《けんけんふくよう》したらしい。その点に関して、中曽根康弘自身は次の通り述べている。以下の抜粋は、中曽根康弘の『天地有情』内に挿入された彼自身が語るところによる日記からのものである。

「（一九八二年・筆者註）九月十八日（土）閣議前二十分間、鈴木首相と行革会談。行革大綱につき諒承される。その終わりに、首相を激励する意もあり、『鈴木内閣を守る。首相は悠々とやりなさい。健康にも注意して下さい』というと、感激して、『長官も私の後に替われるよう用意されたい』と答える」

この日記によれば、中曽根はこの三日前、渡邉およびNHKの島桂次に会っているので、この折のサジェスチョンだと思われる。

同時に田中角栄対策について「目白に行って、胸襟を開いて裸になって抱き合う」という表現があるが（三七八ページ）、それも中曽根日記に出ている。

「夜八時半、目白に田中氏を訪問する」さらに九点の話の要約に続いて、「渡辺［ママ］恒雄君に委細電話する」（九月二十五日）と書いてあるところに注目したい。

次は中川一郎と青嵐会についてである。大野派ということもあり、また個人的にも若いころから中川と渡邉はかなり親しかったようである。しかし中川らが青嵐会を発足させて以来、二人は対立状態に入る。この青嵐会の結成に関しては、石原慎太郎の回想録に詳しいので、一点興味深い叙述を紹介しよう。それは渡邉が嫌うところの血判（三八二ページ）についてである。

「結成当日代表世話人たちそれぞれの挨拶の後いよいよ血判とあいなって、私は用意していった使用した後使った部分を折って捨てられる数本の剃刀と、傷を拭って消毒するオキシフルと脱脂綿をテーブルに並べて置いた。（中略）気づいたことの一つは、政治家というのはどうもなんとも大まかというか不注意極まりなくて、私としては各自血判用の刃物を持参せよとはいえないから、わざわざ気をきかして、同じ剃刀でも次に使う人間は新規な部分で切れるように、わざわざ刃を折って使える道具を用意してきたのに、よほど互いに信頼し合っているのか、前の仲間が指を切って血のついたままの刃をそのまままた自分の指に押し当てて切る手合いが何人もいたのにはいささか驚いた。今とは違ってまだエイズなんぞの登場する前だが、それでも他にもそんなことで感染する病気はいろいろあるだろうに」（『国家なる幻影』文藝春秋、一九九九年）

ここに石原の神経の細やかさと他の政治家たちの無神経さというものがよく対比されている。もっともどちらが政治家に適合的であるかはわからないが。

渡邉の証言のなかに青嵐会批判の文章を載せたとあるが、渡邉のこの当時の憲法観や中川のやや粗雑な議論が対照的にうかがえて面白い。渡邉はファナティックな右翼とは感覚的に合わないわけで、この点は青年期からの変わらぬ彼の資質と言えよう。

さらに渡邉は中川の自殺の前提になる一九八二年の総裁選で、彼がだまされたことに言及しているが（三八二―三八三ページ）、石原の回想録にも同様のことが描かれている。

「なぜかは知らぬが従来中川氏が馬鹿に見込んで立てたり相談したりしていた三塚博氏だけが中川のための会合を自分の選挙区で開いてくれた。それはそれなりにかなり勇気の要ったことだったろう。しかしそれは総裁選なるものの本質を証すようになかなか印象的なものでもあった。

所は仙台市だったが、皮肉なことに日取が安倍氏のそれと重なっていて、安倍氏は昼に、こちらは夜ということだったが、例によってしきりに客の入りを気にする中川氏が出迎えた三塚氏に昼間の安倍氏の会の入りを尋ね、三塚氏が、

『正直いって昼間は千五百人、夜は五百人程度ですが、昼間は寄せ集め、夜は党員資格のある人間ばかり選りすぐって集めましたから』

ぬけぬけいうのを中川氏はそのまま信用して、

『いやどうも有り難う、本当に世話をかけてるな』

ということだったが、横で聞いていて阿呆らしいような話だった」（前掲『国家なる幻影』）

さて行政改革についての話である。渡邉は第二臨調の人選における旭化成の宮崎《みやざき》輝《かがやき》の存在に重

きを置いている（三九〇ページ）。もっとも『天地有情』によれば中曽根と宮崎は、実は若き日に日経連を中心とする朝食会に大槻文平《おおつきぶんぺい》、永田敬生《ながたたかお》らとともに加わっていた。彼らが若き日の中曽根の選挙を応援したのである。

次いで渡邉は電電公社総裁になった真藤恒《しんとうひさし》を高く評価する（三九四ページ）。もっとも真藤については、当時行管庁長官であった後藤田正晴がかなり微妙な評価をしている。

「私は改革をやる立場の行政管理庁の長官でしたから。それで僕は真藤さんを呼んで、四つ五つ配慮してもらいたいことを言ったことがある。もう、その当時すでに真藤天皇なんていう言葉も聞こえていたんです。しかし、電気通信なんて全然素人だ。（中略）真藤さんというのは能力はあるんですよ。ことに労働組合なんかを収めるのが非常にうまい。日本の経営者としては、私は相当な人だという評価をしますけれどね。ただ、変わるんだよ、この人は。一年後に値上げ案が出たんだ。それは自民党の中でやられちゃって、すぐ潰されちゃったけれどね」（前掲『情と理』）

値上げしないと言いながら変わる真藤を後藤田がどう見ていたか、これもまたオーラル・ヒストリーの補助線一本で明らかにされる事実であろう。

つづいて二階堂擁立工作について見てみよう。

これについて、従来から渡邉が進めていた自公民路線を公民が勝手に二階堂、鈴木のほうに持って行ってしまったと渡邉は述懐している（三九六ページ）。そこで、当時渡邉が毎月連載をしていた

『This is 読売』の「起点」(一九八五年三月号)というコラムでの総括を見ておこう。

「筆者は、かりに『二階堂総裁』が生まれていたとしても、二階堂首班の自公民連立内閣はできなかったと思う。第一は、公明・民社への数閣僚の配分、第二は民社は別として公明党との政策協定で、自民党内の抵抗が爆発点に達しただろうし、第三に、選挙区内の対立、とくに創価学会と新宗連勢力の対立があって、とても自・公・民連立内閣は、自民党内の合意をとりつけられるはずがなかった。今日に至るまで、鈴木・二階堂対竹入・佐々木間で政策協定についてちゃんとした話し合いがあったという情報はない。あるのは二階堂氏を灰色呼ばわりしないと竹入氏が約束したといったぐあいの次元の低い話ばかりである」

このコラムからわかるように、渡邉の政治を見る目にはブレがない。人脈だけではなく——といっても人脈についてもかなり即物的で「ここまでやるか」という感のあるところまで言及するのであるが——政策についても、同じくらい重きを置いている点で終始一貫しているからである。

そこで中曽根政権に安定をもたらした衆参同日選挙の引き金となる「死んだふり解散」について述べねばならない。

これについては、渡邉が往時を思わせるほどの大活躍をしたことが、自身の証言からうかがえる(四〇五-四〇七ページ)。何であれ一見、解決困難に見える争点になると、自ら陣頭指揮を執って調べ尽くす〝調査の渡邉〟の面目躍如である。

中曽根や後藤田の回顧のなかに渡邉の存在を指摘したものはない。したがって政府、与党、一部官僚の間だけでこの解散工作が考えられていたと、これまで伝えられてきた。渡邉の今回の証言は、これに明らかに異を唱えるものである。これに関しても「This is 読売」のコラム「起点」が傍証となっている。渡邉は一九八六年二月号においてすでに、「局面打開策は、早期解散による与党の安定多数回復、もしくは連立の幅の拡大である」と述べ、つづく三月号では「最近の野党は解散にまったく逃げ腰である。中曽根内閣と自民党の支持率が高いので、戦えば必ず負けると観念しているのだろうか。衆議院の定数が違憲だというなら、早急に定数を是正し、是正されれば直ちに解散して、衆議院の違憲状態をなくするというのが、議会制民主主義の正道ではないか」と述べている。

四月号になると、「ダブル選挙やむなし」というタイトルのもとに、衆参同時選挙の賛成論を訴えている。

つづく五月号では、「奇怪な解散阻止工作」と題して、「解散が政治の空白を招くというが、最近の日本の政治の実態を見れば、国会審議の名のもとに不必要な閣僚まで議事堂内に長時間縛りつけたり、審議拒否＝国会空転が野党の常套手段となっていること自体が、政治の空白の最大原因だといえよう」と述べて、野党を切って捨てている。

さらには七月号にも、「同日選反対論は不合理だ」とのタイトルで同様の議論を繰り返し、要するにこの年のコラムの半数近くが同日選に向けられ、いかに渡邉がこの問題に現実に深く手入れしていたかがうかがえる。

一方、官房長官であった後藤田は、官邸の側から詳細に同日選挙にいたるプロセスを語っている。後藤田証言と渡邉証言が唯一交錯するのは、官報掲示の問題である。後藤田は「各地に官報の販売所がありますが、ともかくそこに届かなければいけない」と述べているが、渡邉は「大蔵省印刷局官報課と、東京都官報販売所一軒にでも置けばいいんだよ」と言い放っている（四〇五ページ）。

同日選挙に大勝した中曽根首相の任期延長について、渡邉の証言はとても興味深い。通常の解釈と異なって、中曽根の真意は制度上の任期二年延長を行った上で自らの意志で一年に縮めることにあったと語っているからである。しかもそのキーパーソンが、当時官房長官であった後藤田であったことも明示している。

その傍証としては、渡邉が前述のコラム「起点」（一九八六年九月号）で、わざわざ「永田町の論理と国民の論理とは大きなギャップがある……と言い始めたのは、官房長官後藤田正晴氏である」と書き出し、「筆者は中曽根長期政権を求めているのではない。首相は、国政上の責務と三〇四議席に示された国民の負託に応え、適当な時期にみずからの意志で後継者にバトンタッチをすればよい」と書いていることが挙げられる。もっとも後藤田、渡邉の両者は必ずしも馬が合ったわけではなかったようではあるが。

後藤田は回顧のなかで中曽根三選論に触れて、「それは思っていなかった。この選挙は大勝したわけですが、だからこそ私は、三選をしないということで、特例としての任期延長ということに取り計らうようにしたわけですけれどね。中曽根さんの真意はそういうことで、ただ、担いでいる人はわからないんですよ」（前掲『情と理』）と述べている。

この後藤田証言の奥の深さは、今回の渡邉証言を合わせることによって、はっきりと認識できるのである。

ところで三九九－四〇一ページにかけて、新聞における社説と論説委員会および主筆の役割について、渡邉は自らの経験に即して、かなり明快に語っている。実は渡邉は、論説委員長に就任して一年後、『新聞之新聞』に「現代社説論」と題する論争的とも言うべき論説を寄せている。

その中で渡邉は、社論の最後的決定権は「主筆」にあると言い切る。その上で論説委員会の合議について、「合議といっても、私は多数決をとらない」と断言し、賛否の決定は論説委員長が下すと述べる。そこで専門分野に詳しい担当記者の〝持論〟もしくは〝私論〟を避けるため、委員長が原稿に手を入れることになる。そのため論説委員の人事も偏向した思考の人物や、責任回避的常識論者を排する。社説は「白黒、左右の主張がすっきりしている方が望ましいから」である。渡邉のこれだけはっきりとした姿勢に、真正面から反論できる論者の登場を期待したいものである。

ジャーナリストの危険な賭け

第八章は九〇年代、社長に就任した時期から今日までが語られる。この十年の政治への渡邉の関わりは、証言に見る限り、長期的展望に立ってと言うよりは、場あたり的の感を免れない。なぜか。

まず渡邉と政治との関わり方の〝構造的〟とも言うべき変化を挙げねばなるまい。五五年体制と共に歩んだ長い渡邉の政治への〝手入れ〟の生活の中にも、いくつかの画期があった。すなわち岸信介・池田勇人・佐藤栄作の官僚出身の首相時代には、渡邉は大野(伴睦)派・船田(中)派、それに中曽根(康弘)派といった党人派の中からのコントロールを試みた。次いで田中角栄から始まる三角大(鈴)福の時代には、公明党・民社党といった中道政党との保革連立への道を探ることによって、自民党への〝手入れ〟を試みた。

しかもこの間、渡邉の読売新聞社内におけるポジションは、浮き沈みを経験しながらもしだいにせり上がっていった。この段階までくると多くの政治記者はそこで二者択一を迫られる。一つは社内抗争に勝ち抜けず文字通り在野のジャーナリストになる道である。いま一つは社内での出世につれて書かざる大記者になる道である。しかし渡邉はそのいずれの道も取らなかった。渡邉の特異性は、社内抗争に勝ちつつなお書き続けた点にある。

新聞社が普通の会社や企業と決定的に違うのは、営業・広告・販売・企画・総務といったいわゆる〝社業〟の他に、筆政を掌る論説委員長・主筆というポジションを有している点にある。だが戦後多くの新聞社は、スター記者を輩出しつつも、筆政の担当者に高い地位を与えることなく、あたかも回転イスのように交代させていた。

かくてサラリーマン重役の一翼と化した筆政担当の地位を、自ら活性化しようとはかったのが渡邉に他ならない。そして鈴木内閣から中曽根内閣にかけての頃に、第三の画期を迎えるのである。すなわち渡邉は、筆政担当の地位を長期独占する中で「社論」の対内かつ対外的影響力を決定的なものにしていく。しだいに高まった「社論」形成力を背景に、一方で体内的には〝社業〟一般を総括するようになり、他方で対外的には「提言報道」という形での指標を立てるようになる。

そうなると、渡邉の政治〝手入れ〟と〝社業〟と「提言報道」とが、「読売新聞社」の名の下に不可分一体のものと化する。言い換えれば、これまではたとえ、読売新聞社をバックにしていたとはいえ、あくまでも渡邉個人の政治〝手入れ〟にすぎなかったものが、公的性格をはっきりと帯びるようになる。さらにポスト中曽根の時代に社長兼主筆に就任した渡邉は、これから第四の画期に入ったとみてよい。

「第四権力」と称されるマスコミ、とりわけ新聞の筆政の人格化された存在、それこそが現在の渡邉の姿なのである。だが本書の第七章および第八章の証言を見るかぎり、渡邉自身にも無論政治〝手入れ〟の仕方への変化があったことの認識がないわけではないものの、それが〝構造的〟画期を持つとの自己認識や、それゆえの自己抑制への自覚などはほとんど見られない。むしろそこにあるのは、無邪気なまでに筆政を楽しもうとする姿勢である。どうしてそうなのか。

一つには、渡邉に匹敵する〝人格化された筆政〟が他に存在しないからである。他の新聞社は、いずれも筆政を集団として担っているにすぎず、そこに個性の輝きが見られない。したがって渡邉の前に個性あるライバルが登場しないかぎり、渡邉の独演は止《とど》まるを知らぬままとなろう。

二つには盟友中曽根康弘が五年もの長期政権を担った時点で、共に成長する中で持ちつ持たれつの関係を築いた同世代的な意味あいを持つ政治家との関係が終わったことである。渡邉は繰り返し、〝社業〟多忙ゆえに手入れの暇なしと言いながら、〝探偵〟を放っての探り入れであるとか、〝忍術〟を使って要人と会うとか、盛んに述べている。しかし今や社長兼主筆となった渡邉にとって、やはり有名税を払わねばならなくなった分だけ、これまでのように奔放な自前の取材力を喪失したと言わねばならない。

しかも有名税を払いつつ独演を続ける渡邉にとって、時に〝手入れ〟をはかる政治の世界自体が、これまた予想を超えた混乱状態に突入していく。リクルート・スキャンダルに端を発し、今日の官僚バッシングにまで連なる〝構造汚職〟と、それを契機とする政治改革、金融改革、財政改革、行政改革の〝改革〟ラッシュ。この十年は渡邉の証言からもわかるように、スキャンダルと改革との連鎖に特徴があった。その上、ポスト中曽根の首相たちは、いずれも短命で、かつ竹下登と宮澤喜一を除けば、自他ともに認める存在として派閥の長を勝ち取った人物ではなかった。

したがって、かつ消えかつ浮かぶ泡のような存在の首相たちが、次から次へと現れるのに対して、正直のところ渡邉は戸惑ってしまったのではないか。だからこそ歴代首相と内閣への評価が時として矛盾をはらみ、必ずしも明快なイメージを結ばないのであろう。しかも時としてそれは場当たり的と言ってもよい評価につながるのである。

ところで渡邉は、スキャンダル報道の行き過ぎと改革熱の行き過ぎとの双方に批判的である。だが社論形成力を持ち筆政の頂点にある渡邉でさえ、リクルート・スキャンダルよりは政治課題をきちんとこなせといった「社説」は書けないと証言している（四三二ページ）。そのかわり渡邉は、リクルート・スキャンダルの最中に、繰り返し月刊誌「This is 読売」のコラム「起点」で「社説」に書けない現状批判を歯に衣着せずに書いている。たとえば竹下内閣が退陣に追い込まれる直前に渡邉は政治と道徳の関係を冷静に見つめ直せと強調したのであった。

もう一つは宇野宗佑首相のピンク・スキャンダルである。これについては当時の石原信雄官房副長官が、次のように述べている。

「それにしても、あまりにもひどく現職の総理大臣について書くということはいかがなものかと、広報官が関係者に会って、はじめは抗議をする。そのうち、何とかしてくれとお願いするようなことまでやったんですが、結果的にはまったく効き目がなかったですね。しかも、各社の政治部長さん方は、『政策の話じゃねえからな』『これはやっぱり社会部の問題だからどうも……』という話でした。私たちも社会部の人とは接触がないわけです」(『首相官邸の決断』中央公論社、一九九七年。のちに中公文庫、二〇〇二年)。

この石原の証言からは、新聞社も決して一枚岩ではなく、政治部なり社会部なりの部単位の官僚制的組織が厳然とそびえ立っていることがわかる。だから政治部は社会部の報道を云々する立場にないわけである。渡邉はこのときも、参議院選直前のコラム「起点」にマスコミおよび野党批判の一文を掲げている。

ところで渡邉は処女作の『派閥』以来、政治家論にも定評があった。読売新聞社の筆政を担うようになって以来、舌鋒の鋭さは相変わらずであったが、文章の形ではめったにお目にかかれなくなった。めずらしいケースとしてやはり「Ｔｈｉｓ ｉｓ 読売」のコラム「寸言」に、二人の対照的な政治家について書いている(六三五ページ)。金丸信と宮澤喜一。しかし元来党人派を好む渡邉の筆致にしては、金丸論は何となくよそよそしく冷たい(四五〇-四五三ページ)。小話の一つも出るくらいのつき合いがなかったせいであろう。逆に知性派の宮澤喜一に対しては、その護憲論の矛盾を真正面から批判してやまない(四五七ページ)。つき合いが長かったためか、イデオロギー批判の中に、戦後五十年を歩んだ宮澤の姿をきちんと捉えている。

いわゆる政界話として久しぶりに面白いのは、細川政権崩壊後に小沢一郎が仕掛けた「幻の渡辺美智雄政権」である。渡邉の証言(四六八-四七一ページ)は、ほぼ田原総一朗の『頭のない鯨』(朝日新聞社、一九九七年）を裏書するものである。しかもこの点に関しては、渡邉が羽田孜政権崩壊直前に書いたコラム「寸言」が、複数存在する今後の選択肢を余すところなく示すと同時に、生き生きとしたシナリオになっていてみごとである（六三五－六三六ページ）。

論を張る渡邉が時として強情かつ固いイメージを見せるのに対して、エセー的な評をものするときの渡邉は、柔軟で思慮深いイメージを漂わせるのが常だ。政党内閣の原点にたち帰ったこのコラムもそうだが、さらに歴史的視点を導入するとき、渡邉の筆は冴えを見せる。たとえば、村山富市内閣の成立にあたって、これを英国のマクドナルド内閣と引照した手際《てぎわ》はさすがである。こうした歴史的エセーの先駆をなしたのが、実は渡邉の数代前に渡邉と同じく社長にして主筆を兼ねた名ジャーナリスト、馬場恒吾であった。六三六－六三八ページにその全文を掲げているが、先のエセーともども馬場の「日曜評論」（一九三〇年代に十年近く読売新聞に日曜ごとに掲載された政治エセー）を彷彿とさせる。

書かざることついになく、書き続けた政治記者渡邉恒雄。〝社業〟や〝手入れ〟やそうしたものはほどほどにして、今後は半世紀にわたって書き続けたジャーナリストの集大成として、エピソード豊富な歴史的エセーのジャンルに挑戦されることを、強く期待したい。

渡邉恒雄の挑発

渡邉恒雄は〝乱〟を好み〝論〟を張る。オーラル・ヒストリー番外編ともいうべき終章は、その資質をよく現している。

マスメディアとりわけ新聞と政治の相互関係について、体験談としてではなく、体験〝論〟として、一度まとめて語っておきたいと、常々渡邉は思っていたようである。年代で輪切りにせず、項目ごとに断片的でなくまとまりをつけて。

だからここでは思い切りよく、現時点からみた渡邉の戦後論を、それこそザイン(〜である)のみならずゾレン(〜であるべきだ)にまで踏み込んで、一挙に話してもらった。

こう書いたとたんに早合点する人がいるかもしれない、「またか」と。だが、終章で展開される渡邉の〝論〟を、「吠える」とか「言いたい放題」といういつもの次元で捉えてしまうとかえって見えなくなるものが多いのではないか。

渡邉は、憲法論、講和論に始まり、アフガン問題、ソ連の軍事力増強問題、湾岸戦争問題、提言報道論、東アジア諸国との関係、間接税・消費税問題、と次々に論じて、最後はメディアの抱える諸問題にまで説きおよぶ。どの問題を一つとってみても渡邉の論は明快である。

だが同時に、明快であるがゆえに論敵もまたはっきりと定まっている。

多くの場合、それは戦後メディアおよび論壇の長きにわたって主流であり続けた――もっとも渡邉には異論があろうが――朝日新聞である。挑発的とさえ言いうるこの朝日新聞批判こそが、渡邉の〝論〟の中からまさに噴出せんとする〝乱〟のひびきなのだ。

一千万部の紙面をもっているがゆえに、提言報道をし、自らの主張を展開するのだと強調する渡邉。そして他社は異なる主張をやはり提言報道の形で行い、その結果国民の前で〝論争〟をしようというのが渡邉の本意に他ならない。

その意味では、この渡邉の〝論〟自体が「政治と新聞」でみる戦後史に対する〝手入れ〟の実践的作業と言いうるだろう。

さらに「第四の権力」と言われるメディア、とりわけ新聞が二十一世紀にサバイバルできるのか否か。これについても渡邉は強気の楽観論を述べる。ここにもまた挑発の意図があるのかもしれない。

ともかく〝論〟は投げられた。あとは〝乱〟が起こるのを待つばかり。インタビュー席をおりた我々も、ここらで読者席にまわり、ゆっくり観戦、そしてやがては参戦(?)といきたいものだ。

❖4―もっとも福本邦雄は、やはり私がインタビュアーとなったオーラル・ヒストリーにおいて、これとは異なる発言をしている。すなわち「女子学生の死を悼む」の一文を椎名の前で口述筆記させたのは、福本本人であると述べている。(参照、『表舞台　裏舞台』講談社、二〇〇七年)

補説❷ 七年たった渡邉さん――なお手入れは続く

『渡邉恒雄回顧録』中公文庫版のあとがき

単行本の『渡邉恒雄回顧録』を文庫化するにあたっては、二つのことを考えた。インタビューからは足かけ十年、単行本の刊行からも七年の歳月がたっている。政治のカレンダーをめくってみれば、急逝した小渕首相、わずか一年で退陣した森首相、そして五年半の長期政権となった小泉首相、初の戦後生まれの安倍首相と、二十一世紀になって事態は大激変の様相を呈している。世界的に見ても、九・一一があり、イラク戦争が勃発した。

他方、渡邉自身は肩書こそ、「読売新聞グループ本社代表取締役会長・主筆」と変わったが、今なお現役を張り、筆政の担い手であり続けている。ということは、相変わらず〝社業〟に勤《いそ》しみながら〝手入れ〟を怠ることなく、二十一世紀初頭を駆け抜けてきたことになる。しかもこの間、様々なマスメディアに登場し、インタビューや対談は元より時事問題、スポーツ関連、医療問題について自ら筆を執り明快な主張をくり返している。あまつさえ、二〇〇五年には二十一世紀になって書いたものを中心に、書き下ろしの「解説と補足」を付した『わが人生記―青春・政治・野球・

大病――』(中公新書ラクレ)を刊行している。さらに二〇〇六年十二月刊行の『私の履歴書』(日本経済新聞社)も、すべて渡邉が自ら筆を執っている。

激変する世の中と変わらぬ筆政としての立場。この相互関係から導き出される懸念の一つは、この間、渡邉の議論や問題意識が、オーラル・ヒストリー進行当時と変わってしまったのではないかということにあった。

そこで文庫化に際し、ゲラを再読三読し、同時にその後の渡邉関連の資料を収集し比較点検した結果、その恐れはまったくないことが判明した。渡邉からは「当然ですよ。何を考えているんだ」との叱声がとびそうであるが。

とりあえずその後のまとまった成果である『わが人生記』との関連で気のついたことを述べておこう。第一章「新聞記者修業」に収められた「ジャーナリスティックな哲学者への道」『世紀』の頃」「青年期の高揚時代」は、瀬木慎一の最近のエセーに触れた渡邉が、花田清輝や岡本太郎、安部公房、加藤周一らとの戦後すぐのつき合いを思い出して綴った小篇で、オーラル・ヒストリーには欠けている部分だ。人はこうして他者の回想に接して自らの記憶をあらたに覚醒していくのだと思う。

第二章「暗かった青春時代」の「恩師 出隆と『哲学以前』」は、出が東大教授を辞した後の交誼を含む感動の名篇である。オーラル・ヒストリーと重なる部分もあるが、一つのテーマを貫き、自らの文章で締めるという点において、オーラル・ヒストリーより迫力を感じさせる。また『諸君！』（二〇〇二年一月号）の「あの時、私は」のアンケートに答えた『「トラ・トラ・トラ」』の副産物」も小品ながら、渡邉の戦争観をオーラル・ヒストリー以上に伝えていて見事である。

第三章「政治家と指導力」は、渡邉得意の久々の政治家論である。しかも小泉首相の政治手法、政策、人事といったリーダーシップについて、まさに往年の政治記者ぶりを思わせる旺盛《おうせい》な批判精神をもって、切り込んでいる。私は「解説」の中で、「今後は半世紀にわたって書き続けたジャーナリストの集大成として、エピソード豊富な歴史的エセーのジャンルに挑戦されることを、強く期待したい」と述べたが、まさにこれを地でいく形だ。同様に小泉首相を論じた「テレビ政治の名優・小泉首相」（『文藝春秋』二〇〇三年二月号）は、かなり早い段階での小泉批判として目くばりの利いたエセーである。

第四章「プロ野球」は、巨人軍オーナーとしての渡邉が「ナベツネ・バッシング」を受けての反論である。あたかもインタビューに答えての語り口と見紛うばかりの勢いのある伝法な語り口の部分と、日米野球の運営のあり方の冷静な分析の部分とが融合した文体に、「人格化された筆政」としての渡邉の真骨頂をみる。

第五章「老夫婦の大病記」では、自身のガンの闘病記と、夫人の看病記を克明に描いている。われわれのオーラル・ヒストリーの折、すでに前者は話題のただ中にあったが、あまりにも生々しい体験録だけに、あえてオーラル・ヒストリーとしては扱わなかった部分だ。その後の夫人の看病記と合わせて、人生の最終場面を人はどう生きたらよいのかを深く考えさせられる。「妻の認知症は、完治したわけではないが、政治も野球も含めて、一切の俗事を忘れた時の、簡単な夫婦の会話の中に、至上の幸福感が湧く」と、金婚式を迎えて書くことのできる渡邉は幸せである。

しかし渡邉のドラマは、ロマンチシズムのみに覆われるものではない。あと二点、触れないわけにはいかない問題がある。一つは朝日新聞との〝共演〟であり、今一つはそれに直結する戦争責任論をテーマとする〝提言報道〟である。私はたびたび「渡邉恒雄は〝乱〟を好み〝論〟を張る」と評してきた。渡邉はオーラル・ヒストリーの最後で、「講和条約、安保条約に始まり、湾岸戦争、PKO、行政改革、税制改革……。重要な政策、課題に直面するたびに読売新聞と朝日新聞の社論が対立したけれど、現実は読売新聞の主張通りに動いているんだ」と豪語していた。

その読売新聞と朝日新聞が、靖国神社参拝論、あの戦争の責任論といった二十世紀の遺産とも言うべきイデオロギー的課題について、これまでの〝競演〟ならぬ新たな〝共演〟状態を演出した。朝日新聞の雑誌『論座』(二〇〇六年二月号)に、渡邉自らが登場して朝日新聞の論説主幹・若宮啓文と徹底討論を行い、これは直ちに単行本(『「靖国」と小泉首相』朝日新聞社、二〇〇六年)にもなった。

ここで渡邉は「死者の責任を追及するというのは嫌な仕事ではあるが、それをしなければ、歴史検証というのはできないんですよ」とはっきり語り、一年がかりで読売新聞紙上で戦争責任に一つの決着をつけると述べている。

ついに渡邉は歴史への〝手入れ〟に着手した。そしてそのために朝日新聞とのエールの交換を行ったのであった。そこで南京虐殺について、「ただ、犠牲者が三千人であろうと三万人だろうと三〇万人であろうと、虐殺であることには違いがない」と言う渡邉に対し、若宮は「どっちが朝日新聞かわかりません（笑）」と応じているほどだ。ちなみに私は「戦争責任」の皮切りのシンポジウムの司会進行を仰せつかり、渡邉がシンポジストの発言の一々をノートにとる行為を真正面で見て、あらためて〝生涯主筆〟の圧倒的迫力をみせつけられた感じであった。

さて渡邉は一年にわたる検証を終えるにあたって、『中央公論』（二〇〇六年十月号）に、「『昭和戦争』に自らの手で決着を付けよう」との一文を寄せている。その中で「私たちの戦争責任検証を、一部の極右思想家たちによって単なる自虐史観ととられるのは、納得できない。当時の政府、軍の非を明らかにしたうえでなければ、ことの道理から諸隣国の日本非難に応答できないではないか」と断言する。渡邉の歴史〝手入れ〟が他ならぬ政治〝手入れ〟であることが、ここにはっきりと示される。渡邉は、オーラル・ヒストリーの際には、それでもやや抑制的であったが、日本軍の非人間性について自らの体験をまじえながら、昨今の自らの議論の一つの柱にしているように思う。

渡邉の前で決して時間はとまっていない。そうである限り、渡邉は現役を張り続け、次から次へと〝手入れ〟を行っていくであろう。そんな渡邉の今を成り立たしめているのは何であるか。渡邉のオーラル・ヒストリーは、何にも増してそのことを雄弁に解き明かしているに違いない。

補説❸ 偶然を必然にする気合――まだまだ手入れの日々

『君命も受けざる所あり 私の履歴書』（日本経済新聞社）を読んで

渡邉恒雄は〝文〟の人だと改めて思った。もちろん〝乱〟を好み〝論〟を張り、いまだに政治への〝手入れ〟を怠らない、徹底した〝政治記者〟魂をもつ渡邉。圧倒的な存在感を示し、少々傍迷《はた》惑とも思えるほど社会的影響力の強い人物が、ふと内実を露わにするとき、われわれはある感慨を覚えずにはいられない。それは父母、兄弟姉妹、そして妻子を包み込む家庭・家族という人間の営みの原点を、渡邉が最も大切にしているということだ。

「太田胃散」と父の死に始まり、「智恵子抄」と妻の病で終わるこの「履歴書」は、書くことで生き抜いてきた渡邉のラストステージを描き切っている。私も聞き手の一人として約十年前に行ったオーラル・ヒストリー『渡邉恒雄回顧録』（中公文庫）と本書を比較対照すると、色々なことが分かる。むろん総体としての情報量は『回顧録』が優る《まさ》。しかしその伝法な語り口とはまた異なる「履歴書」の筆さばきからは、青春記の第一章と社内外の抗争を記した第三章の後半から第四章の前半の部分に、新事実の披露を含めて渡邉の人となりが端的に窺える。

大野伴睦《ばんぼく》、務台《むたい》光雄という希代の政治家、新聞人との出会いが渡邉の人生を決定したことは疑いえない。それにつけても、渡邉の出会った人物は、どうしてこうも劇的人格ばかりなのだろうか。ごくあたりまえと思われていた人でも、渡邉が描くと、はみ出しの部分が極大化する。それは渡邉の筆政ならぬ筆勢の故か。そうではあるまい。偶然の出会いを必然化させる気合を渡邉は持っているのだ。

いずれは一期一会の出会いを文章化することによって、渡邉は生涯記者としての証しを立てることになる。巷間《こうかん》、最近の氏の政治手入れは評判が悪い。しかし「履歴書」から推理すると、これまた出会いと気合のなせるワザに他ならない。政治にもはみ出し部分がある。渡邉の目線で見ればこんな手入れが、政治を活性化させ面白くすることもあったのだから。

❖庄司薫はにげ薫　三十三年たっての解説

『狼なんかこわくない』（中公文庫）

庄司薫［著］

世紀派と元号派

『狼なんかこわくない』（一九七一年）を読んでいて、前半部で改めて目に付いた一文がある。

「四月十九日というぼくの二十一歳の誕生日を前に、いわばぼくの『十代』（つまり、一九〇一年から二〇世紀が始まるという数え方に正確に従って）の総決算とでもいった感じのこの作品の処置について考えた挙句、ちょうど募集中だった第三回中央公論新人賞あてに送ることにした」

何か妙な感覚に襲われた。それは（　）の部分である。何も二十世紀という洋風年代の数え方に限定しなくとも、昭和（元号）という和風年代の数え方に従ったとしても、「十代」は総決算される筈ではないか。それなのに、著者・庄司薫の二十世紀への拘《こだわ》りが明らかにこの一文に刻印されている。とても不思議な気がした。

一般に年代を表現するに際しては、かつて洋風の世紀派と和風の元号派に二分される時代があった。平成になってから両派の緊張関係は急速に希薄化したため、若い世代（それこそ、私が駒場のゼミで教えている一、二年生諸君）にとっては理解の範疇を超えているだろう。そもそも二十世紀の最初と最後とを除外すれば、大半は昭和と合致するという事実に出会う。しかし世紀派と元号派との対立は、「あの戦争」の責任をめぐるイデオロギーや時代認識をめぐる論争と密接不可分の関係にあった。それについては著者自身も『狼』の後半部で触れている。

「敗戦後の一時期における日本には、昭和二十年八月十五日を境として、それ以前の日本をすべてマイナスとして切り捨てようとするような空気があったと思われる。すなわち、8・15以前の日本を『軍国主義日本』『ファシズム日本』として、つまり『加害者』として総否定する」

著者はここでは一見何の疑いもなく、「昭和二十年」と書く元号派のようにみえるではないか。もっとも前半部で世紀派たることを宣言した著者は、そのすぐ後で、「当時はちょうど60年安保の前夜ともいうべき時代で、60年代に巨大な変動を導いたさまざまな要因が、その多様で不安な芽を一斉にふきだしていた」と、世紀派としての自覚を明確化し、踏襲しているのだが。

ところが著者は、「昭和三十三年七月七日発行の文研の機関紙『異音』第18号」、そして「作品集『喪失』が出版されたのは、昭和三十四年秋で、中央公論新人賞受賞から一年もたってからのことだった」と、またも元号派へのゆらぎを示してもいる。いったいどちらなのだ？

本書をよく読むと、著者が自覚的か否かは別として、そこには一定の法則がある。すなわち、「一九六〇年」をあたかも世の中と自分自身との複層的メルクマールとしたかのように、著者は元号派から世紀派へと、くるりと踵《きびす》を返すのだ。はたしてその意味は何か。

著者の文章を追っていくと、「来るべき60年代の緩慢な平和と繁栄への予感」、「67年に始まる大学紛争が激化していくにつれ」、といった表現に出会う。もっと言えば、昭和三十年代、昭和四十年代という括り方では、絶対に著者と世の中との複層的発展の過程は表現できない。どうあっても、一九六〇年代、一九七〇年代でなければならないのだ。それは著者の次の文章の中に如実に見てとれるだろう。

「つまり、たとえば、ぼく『総退却』していた十年間は、一つの言い方をすれば、60年安保闘争前夜から70年アンポ前夜に至る十年間、すなわち60年代とほぼ完全に重なり合うということになるのだが、その間にぼくが見つめ、或る時はまきこまれて戦いながら肌でというよりこの胸で感じてきたものは、いわば60年代という巨大な価値の転換期における男の生き方の難しさとでもいったものだった」

かくて著者の年代表現は、ここに見事に世紀派として確立するのだ。付け加えておけば、「あの戦争」の責任論から生ずる元号派と世紀派との対立という世の中の一般論とは、さしあたり無関係なのではあるが。

文章作法について

話を戻すと、著者にとって記号論的意味から言っても、「一九六〇年」こそが決定的刻印であった事実は次のように明かされている。

「しかし、改めて言うまでもなく、実際問題として小説を書くということはこんな理屈とは全く無関係なところがあるのだ。そしてぼくは、どうしても『60の会』のことを思い出す。

『60の会』というのは、名前が示す通り、一九六〇年前後に東大法学部で丸山真男教授の教えを受けた学生たちがつくった小さな会で、卒業後もずっと定期的に丸山先生を囲んでしゃべる会を開くと同時に、『60』という小さなタイプ印刷の機関誌を出してきた。そしてぼくは、ついさっき『十年ぶりに小説を書いた』と言ったのは実は嘘で、それより三年前の一九六六年に、この『60』という雑誌に十枚ほどの短い小説を発表したことがあったのだ。その小説は『赤頭巾ちゃん気をつけて』の最後の章の原型ともいうべきもので、本屋の店先でちっちゃな女の子に生爪をはがしたばかりの足先を踏んづけられる話だった（文章もほとんど同じといっていい）。そして、要するにこの短篇は、『60の会』でえらく評判がよかった。ぼくは嬉しかった。そしてぼくは、再び小説を書こうとした時、なによりもまずこの短篇のことを思い出したのだった。ぼくがその『総退却』のなかで書いた唯一の小説であるこの十枚の短篇、そしてそれを読んでえらく喜んでくれた『60の会』のメンバーの顔を」

実はここに来て著者の文章のリズムは、それまでの客観的傍観者的記述とおよそ対照的といえる著者の心情の高まりとせつなさを示して余りないものに変貌をとげる。

『狼なんかこわくない』に見られる著者の「饒舌体」ともいうべきオシャベリは、少しずつはずしてズレをみせつつ、なおもくりかえし述べられるテーマ(若さという名の狼について)の重層的展開と、きらびやかに披露される自己体験(それは実体験のように見えても、本当は知的体験に含まれてしまうようなもの)らしき「あることないこと」若しくは「ないことないこと」の波状的展開とが、これまた入れ子の構造となって続くのである。そこに突然、まさに序破急のテンポよろしく文章のリズムの変容が訪れる。

この著者特有の心情の高まりとせつなさを示す文章のリズムは、何も『狼』にのみ現れるものではなく、今、『狼』からの引用で示した『赤頭巾ちゃん気をつけて』(一九六九年)の最終部分の記述にも見られるものだ。しかも「ぼくは海のような男になろう、あの大きな大きなそしてやさしい海のような男に」「ぼくは森のような男になろう、たくましくて静かな大きな木のいっぱいはえた森みたいな男に」の一連の寄せては返すような言葉の波は、「はっきりとはっきりと分かったように見えたのだ」との、形容句のくり返しによるあたかも韻を踏む効果をもって結ばれる。

この韻を踏む手法は『白鳥の歌なんか聞えない』(一九七一年)では、やはり結びの部分で「静かに静かに耳をすましてみたのだった」とくり返される。さらに『さよなら怪傑黒頭巾』(一九六九年)でも最終段階で「あの広い広い野原を見たように思ったのだ」「長い長い目のくらむような長い列を作って死んだように横たわっている広い淋しい野原を」とくり返される。こうしてみると一九七七年の、『ぼくの大好きな青髭』を含む薫クン四部作には、ある共通の著者の文章作法がこめられていることがわかる。

本書の「からくり」

それではこの四部作に対して『狼なんかこわくない』には、いかなる立ち位置が与えられるのであろうか。もう一度、世紀派の検証に戻ろう。著者は当時併行して執筆していた筈の四部作についてまずこう述べる。

「ぼくは、ほんとうなら一九六九年中に、『赤』『黒』『白』『青』がそれぞれ題名に入った十八歳の薫を語り手とする四部作（『赤』は二月九日、『白』は三月下旬、『黒』は五月四日、『青』は七月下旬で、つまりこの四つで、十八歳の薫の半年を描く）を書き上げ、そして庄司薫というペンネームもろともこの『薫』をさっさと引っこめるつもりでいた」

ここから次の二点を指摘しておかねばなるまい。まず、やけに「日付」が詳細にわたることにいやでも気がつく。真理は細部に宿るとはよく言ったものであるが、果たしてその通りであろうか。実は「日付」への拘りから、四部作に共通の著者の文章作法の今ひとつの側面がわかる。それは、薫クンのオシャベリは、いつも一日のタイムスケジュールの中では早いうち（朝若しくは午前中）

に始まり、クライマックスは必ずや夜半か翌日の朝まだき時間帯に訪れるということだ。だとすれば、既に述べた四部作いずれもの後半部に見られる序破急のテンポへリズムが変容する文章は、常に夜の帷《とばり》の彼方から現れるわけである。

第二点は、ここで著者がまた「庄司薫というペンネームもろともこの『薫』をさっさと引っこめるつもり」であることを強調していることだ。またもや「退却宣言」かと、私はハッとせざるをえない。そもそも『狼』は「十年間何を考えていたのか何をしていたか」に答える意図をもって書き始められた筈だ。それは、著者自ら『狼』の冒頭で次のように明快に述べている。

「問題の「十年間」とは、この作品集『喪失』の時代から、ぼくが『赤頭巾ちゃん気をつけて』で再び筆をとるまでのことになるわけだが、ぼくはその「変てこな」十年間を語るためにも、まず出発点ともいうべき、作品集『喪失』とそれを書いていた頃の自分自身について語ってみよう、と考えたのだ」

さらに著者によれば、

「『喪失』という作品集には、ぼくが十九歳・二十歳・二十一歳のそれぞれの春休みに書いた三つの小説が収められている」

次いで著者はたたみかけるように、実は『喪失』を二度書き、「駒場文学」に掲載された一度目の方は、文体が『赤頭巾ちゃん』に似ており、いやテーマそのものも同じかもしれないとまで宣《のたま》うのだ。

ここに至って、著者・庄司薫が設定する世界――それはどうやらラビリンスのようにみえる――の「時間軸」における複層性と可逆性がはっきりと浮かび上がってくるではないか。同時に、「一九六〇年」を結び目にして、かなたは元号で、こなたは世紀で表現される「時間軸」を行ったり来たりする摩訶不思議な仕掛けを見てとることができる。これこそが、著者が編み出した「からくり」そのものに他ならない。そして著者のこの「からくり」をいかに読み破るかが、まさに読み手の腕のみせどころとなるわけだ。

政治学のテキストとして

ありていに言って、『狼』は「政治学」のテキストとして読み取ることが可能だ。『狼』を読み進めていると、同じく一九七〇年代初頭に公刊された東京大学法学部の政治学担当教授・岡義達の『政治』(岩波新書、一九七一年)という、いかにも素っ気ないタイトルのテキストのことが思い浮かんでくる。

こちらは「状況化」・「制度化」というタームを用いて政治の循環過程を、極端なまでの観照主義の体系に仕上げた作品である。しかし簡潔な『政治』も饒舌な『狼』も、明らかに一九七〇年前後の刻印を打たれた「政治学」のテキストと見なした場合、とても面白く読める。

次に、よそとの対比からうちでの対比へと目をむけてみよう。結論から言うと、『狼なんかこわくない』は、よくも悪くも『赤頭巾ちゃん』四部作の「第五列」的立ち位置にあるのではないか。もっとも誰が敵で誰が味方か、判然とはしないかもしれないが、だからこそ「政治学」のテキストとしてうってつけなのだ。逆に四部作の「教科書ガイド」若しくは「テューターブック」と規定してしまうと、余りにはみ出す部分が多い。

四部作との関係

では四部作との時間軸上の流れからいえば、『狼』はどこに配置されるべきなのか、いや言い換えれば、どの順序で読んだらもっとも効果的なのだろうか。この点について、著者は少なくとも文庫バージョンでは「この順番かな?」というサインを出している。カバーや写真に至るまで自らの作品の構成要素と心得ているであろう著者ならではのことで、細工は流々、仕上げを御覧《ごろう》じろということか。何と『赤』と『狼』のカバー写真だけが、「霞ヶ関ビルや東京タワーと、やあこんにちは、という感じの高いところ」(『バクの飼主めざして』中公文庫、二〇〇〇年)にあるマンション近くにある下り坂の途中での全身の肖像なのだ。さっと流せばまったく同じ肖像写真に見える。いやそうではない、だまされてはいけない。これは間違い捜しを著者がしかけたのだ。例の「からくり」に他ならない。

すっくと立って、「ちょうど戦い疲れた戦士たちがふと海の匂い森の香りを懐かしんだりするように、この大きな世界で戦いに疲れ傷つきふと何もかも空しくなった人たちが、何故とはなしにぼくのことをふっと思いうかべたりして、そしてなんとはなしに微笑んだりおしゃべりしたり散歩したくなるような、そんな、そんな男になろう……」と言いたげな表情の『赤』の著者・庄司薫。『狼』の著者・庄司薫は第一歩前へ進み、あたかも『狼』をすべて封印してしまったかに見えるマンホールの横にまで来て、こう独りごちるようだ。

「ぼくはそうして、さまざまな形で、たとえば『馬鹿ばかしさのまっただ中で犬死しないための方法』を描くことを夢見る。何故なら、このエッセイで述べた『加害者』として存在せざるを得ない自己の発見、そしてそこから生まれる激しい自己嫌悪と自己否定の衝動が結局は閉鎖的な自己抹殺あるいは他者否定へと向うことの危険は、たんに『若さのまっただ中』における危険ではなく、現代そのものの危険にちがいないのだから。またぼくは、たとえば『平和のさ中に戦闘者であるための方法』を描くことを夢見る。何故なら、平和のさ中の自己形成の困難、価値の相対化と情報洪水が同時進行する状況のもとにおける自己形成の困難は、これもまたたんに青春における問題にとどまらず、現代を生きるわれわれすべての問題にちがいないのだから……」

かくて『狼』は、まるで『赤』の双子の兄弟であるかのように立ち表われる。そして『赤頭巾ちゃん』に寄り添いながら、隙あらば食べてしまおうなどと夢にも思わない『狼』に、著者は仕立て上げていくのだ。あたかも『赤頭巾ちゃん』の後見人の如き振る舞いを見せながら。だからこそ、著者は次のように『赤頭巾ちゃん』執筆の由来を書く事になる。

主人公・薫クンの実像

「一九六九年の三月、『封印は花やかに』を書いた春休みからちょうど十年目の同じ春に、ぼくは再び鉛筆をにぎって『赤頭巾ちゃん気をつけて』という小説を書いていた。三月になってから二度も雪が降り、雪のあとに素晴しい快晴が続くという不安定な、でもいかにも美しい早春の日々を、ぼくは、ほんとうにひとりぼっちで書いていた」

「そして、『赤頭巾ちゃん気をつけて』の主人公は左足親指の爪をはがしているのだが、書き続けているうちにぼくは、ぼく自身すっかり爪をはがしているような気持になっていて、気がつくとほんとに足をひきひき歩いたりしていた」

「ぼくがこの十年ぶりの小説を書き終ったのは、三月十四日の夜中だった」

『狼』は、かくて『赤頭巾ちゃん』の主人公・薫クンの実態にまで迫ろうとする。著者が自ら投げかけ、著者自らが答える次の記述は、まことにスリリングだ。

「この作品の主人公『薫』は、ただたんに『東大入試中止にぶつかった日比谷高校三年生』という思いつきからつくったものではなかった。ぼくは、このぼくが生きる二〇世紀後半を語るためのさまざまな方法の一つとして、前から一九五〇年生まれの話者を設定するという象徴的方法を考えていた。そして、ぼくが十年ぶりにかなり唐突に小説を書くことになって、その時、さて例の『一九五〇年生まれのあいつ（またはぼく）』はどうしてるかと思いめぐらしたら、彼はたまたま高校三年生だった、ということだったのだ。そして、ぼくの知っている高校といえば日比谷高校であり、日比谷の三年とすると『学校群以前』の最後の日比谷高校生であり、しかも東大入試中止にぶつかっておそらく相当にまいっている」

薫クンの実像――いや虚像か――が、ここまで明らかになった以上、そろそろ私自身のカミングアウトをせねばなるまい。私は当時の日比谷と同じく東大合格者の多さで知られた都立高校（小石川）生であり、「学校群一期生」であった。薫クンのちょうど一歳年下（一九五一年生まれ）にあたる。だから一九六九年春に、薫クンと同時代を生きていた実感がある。

他ならぬ『赤頭巾ちゃん気をつけて』が一挙掲載された『中央公論』を高校の図書館で貪り読み、これぞ我等の文学と興奮したことが、オンリー・イエスタデイの出来事として、はっきりと思い出されるのだ。

福田章二そして庄司薫そして薫クンの複合的な目線が、先にも述べた可逆的な時間軸を行き来する状況こそが、『狼』のラビリンスの如き世界を形作っている。

そうであれば、『狼』を読み破りつつあった筈の私も、知らず知らずの間にいつのまにやら『狼』

的ラビリンスの中に組み込まれてしまっている。だから著者が時間軸を動けば、私もまたそれにつれて時間軸を動かざるをえないことになる。かくて一九六〇年前後から一九七〇年前後にかけての時間軸を、福田章二・庄司薫・薫クンそれに私は、四つどもえになりながら、動いた結果、常に微妙なズレの感覚を伴いつつ、幾重もの二十歳前後の青春に出会うことを余儀なくされる。読み破った積もりの『狼』に封じこめられ、『赤頭巾ちゃん』よろしく食べられてしまう恐怖におののきながら。

「自己否定」という古典的青春論

そこでは必ずや著者が「古典的青春論」への疑問を呈している。「夢多き青春」を頑張って生きる式の努力は、努力すればするほど結局は他者を傷つけ、自分はその人間らしさを喪失してしまうのではないか。この著者のテーゼは、複層的展開をとげた結果、青春のまっただ中で「純粋」と「誠実」を人間の最高目標として求めようとすれば、そのこと自体で「純粋」と「誠実」を喪失するというパラドックスに陥ることを示す。そして著者のこの新たなテーゼは次のような経緯をへて、「自己否定」に走る。

「すべてがこの人間全体の『力』の相対関係の中で、比較・競争をそしてその優勝劣敗をまぬかれ得ない。シュヴァイツァーの生涯が同じような人類愛に溢れた生活を望む若者に実は卑小感を与え、ドストエフスキーの傑作が文学青年を絶望させ、マリリン・モンローの微笑が女性を傷つけるように、ぼくたち一人一人のなんらかの行為は、この人間全体の連続的な相対関係のなかで、かならずどこかで優勝劣敗を生んで他者を傷つけている……」

さらに「自己否定」の論理をずっと突きとめていくと、「こうして『自己否定』から出発した自分を見つめる若々しい姿勢が、いつの間にか『他者否定』へ、そして他者の集合である『現実否定』へとほとんど必然的に激しく転化していってしまう……」と著者は述べ、次のように断定する。「自分に対して厳しく批判的に立ち向い、他者に対しては寛容な許しを与えることを理想として出発しながら、結局は全く正反対に、他者に対して厳しく批判的になって、その激しい他者否定の勢いの中で自らの『自己否定』衝動を拡散させようとする……」

これは、いつかどこかで聞いたような話ではないか。それが何かを思い出そうと努力している間もなく、『狼』は、「これもまた最も一般的な現実の青春のメカニズムではないか」と、青春の一般論のレベルに普遍化すると同時に、著者としては『封建は花やかに』そしてそれを含む『喪失』を書いた一九六〇年以前の二十才前後の「ぼく」の生き様に特定化しようと試みる。

それに対して、必死に『狼』を読み破ろうとする私に、何と『赤頭巾ちゃん』四部作が立ち塞がる。実は四部作は強弱の差こそあれ、六〇年代後半の全共闘運動に批判的かつ否定的であった。だとすると、先述した〝いつかどこかで聞いた話〟は、それこそ六〇年代後半の全共闘運動の論理に他ならないではないか。

著者の示す一般論的普遍化と自己特定化以外にも、時間軸の可逆性を考えれば、世の中の動きの中に特徴づけられる全共闘の存在そのものが、著者の意図如何にかかわらずひそかに『狼』の中に輸入されていても不思議ではない。

戦争体験と平和体験の狭間で

さて著者もまた、世の中との関係の中で、自らの青春論を位置づける必要性を考えたのであろう、社会的状況や時代的背景へと、筆の及ぶ範囲を拡大していく。ここに至ってようやく本稿の冒頭で述べた「昭和二十年八月十五日」の議論に戻る。そこで早くも著者は、戦前日本の「自己否定」が「他者否定」の欺瞞を際立たせていることに気付く。著者によれば、「これまで述べてきた青春を生き抜く若者とちょうど同じように、『加害者』としての旧大日本帝国を非難否定し、それと同時にその旧大日本帝国においては自分がいかに『被害者』であったかを強調することで、自分自身を正当化しその存在証明を行なおうとする」

そして著者は「ぼくたちは、戦争体験において『ミソッカス』であるばかりでなく、戦争否定と戦争下における『被害強調』による自己正当化からも『ミソッカス』にされた」という理由で、自らに先立つ戦争体験世代といわゆる戦無派世代の狭間に存在する「ミソッカス」世代たることを明らかにする。言いかえれば戦争体験と平和体験の境界を生きることに他ならない。そこで自ら述べる如く、まことに唐突に境界を生きる感覚を、著者は次のように語る。

「戦後の日本の『復興』『成長』とこのぼく自身の『成長』との奇妙な一体感のようなもの、と言ってもいいような気がしてならない。説明が難しいのだが、たとえば経済的に、ぼくが大きくなってお小遣いが増え買った財産(?)も増えるに従って、日本の経済も成長してきたような感じ、といったら乱暴すぎるだろうか?」

著者は、純粋戦争体験世代からの戦後日本の発展への批判、平和体験世代からの平和と繁栄に対する批判、このいずれにも「微妙な違和感」を持つ。両者からの日本の現実批判にむしろ「他者否定」的ニュアンスを感じ、だから自分自身への批判として受けとめてしまい、違うとの感覚を持ってしまうのだ。もっとも著者の現実への一体感は、決して使命感などではなく、きわめて生理的・実感的な「ぼくのお小遣いが増えると日本のお小遣いも増えるといった感じが積み重なった、奇妙な具体的な一体感なのだ」

明らかに言い澱んでいるかに見える著者。ここで著者は、単純に戦後復興から高度成長へと発展する戦後日本を肯定し一体感をもっているわけではない。それ故に、高度経済成長の結果として、個人の生活も裕福になるという多くの日本人にとってごく自然な論法をとらない。そこははっきりと逆転していて、まずは個人の満足度が確認されて後、日本全体のそれに及ぶと言う論法であった。

何故著者は逆転の発想に拘ったのであろうか。

高度情報社会への警鐘

それは著者が一九六〇年代末という時期に至って、高度成長と個人との何となくの一体感を信じられなくなってしまったからに相違ない。すなわち「情報化社会」の到来が、これまでの人間と社会のあり方をまったく変えてしまうことへの危機感を著者は抱いている。一九六〇年代末に政府が鳴り物入りで発表した「新全国総合開発計画」は、明治百年のインフラの再整備をうたい、画期的な「情報社会論」を展開した。これにいちはやく注目した著者は、『狼』の中でさりげなく警鐘をならそうとしているのだ。著者の他の記述とはうって変わった峻烈な警告をきこう。

「しかもここには、二〇世紀を通じての最大の特徴ともいうべき、さまざまな絶対的価値観のいっせい崩壊、価値観の多元化・相対化、という巨大な底流がある。すなわち、情報量がいくら増えても、その選択処理の基準をなす価値観が社会を貫通している場合には、情報洪水はくいとめられる、少なくともその勢いを減速する期待はもつことができると思う。ところがいまや逆に、その頼みとする価値基準がその絶対性を失ってひたすら多元化への方向をたどっているのだ。ここに情報洪水が、たんなる『量』の問題ではすまずに『質』の問題に転化する基本的構造があるにちがいない」

その結果、もし「いわゆる青春期に若者は必ず成熟してオトナにならねばならない、などという固定観念は通用しなくなる」としたら、この先いったいどうなるのか。著者はそこでジョージ・オーウェルもかくやと思われる次のような無気味な予言を吐くことになる。

「かくして、成熟のために必要な知識や技術や『生活の知恵』の獲得、情報の選択処理のための期間という意味での『古典的青春』を生きることを阻まれた若者は、そこで迷うだけではなく、このような現実の状況自体に対する敵意や憎悪を育てることになる。そしてこういう不安と敵意とそして怨念は、やがてこのような現実をもたらした人類の歴史全体に対する拒絶反応にまで至るにちがいない……」

時間軸を一九六〇年代末にすえた場合、若者と人類社会との予定調和的発展の関係がなくなるという予感があった。それはあくまでも予感にすぎない。でもそこから時間軸を遡って考えれば、戦後日本と個人との発展の関係は、通常とは逆転したとらえ方になって、何らおかしくない。まずは個人の裕福あっての高度成長という発想が著者の根底にある。

しかし高度成長が生み出す「情報化社会」は、決して若者を幸福にしない。いや著者の予言から三十三年たった今、事態の深刻さをみなよくわかっているのだ。それればかりではない。今や「青春の終焉」が唱えられている。団塊の世代の刻印を打たれた作家の三浦雅士は二十世紀も末になって、そのことを高らかに宣うた(参照『青春の終焉』講談社、二〇〇一年)。

日本文学に即して見ると、「青年」「青春」と言った言葉は、十九世紀末から始まって、何と一九七〇年前後で遂に終焉に至るのだ。はっきり言えば、一九六〇年代に「青春」は最終の輝きを見せて、一九七〇年代初頭から徐々に消え去っていく。三浦が二十世紀末から時間軸を遡って「青春の終焉」と名付けた事象を、『狼』において著者・庄司薫はすでにして同時代的に予言していたことになる。明らかに著者の時間軸は一九六〇年代から一九七〇年代以降へのブラックホールまで連なっていた筈である。

今になってみると、「情報化社会」の到来による人間と社会の危機の拡大という問題は、新しくも何ともない。解決策はないまま、でも問題の所在は誰でも知っている。そのことについて、著者・庄司薫は『バクの飼主をめざして』の二十一世紀を目前に控えた「『バクの飼主』が大変三十年たってのあとがき」において、サラリとこう触れている。「情報洪水とか民主主義の許容量とか『今読む人には、みんな当たり前の話』も、当時はバクみたいに珍奇であれこれキワドイ発言でもあったなんて、まるで夢のようだ」。

ここでの著者は例によって時間軸の可逆性を前提にした上で、自分のかつての議論は今やすべてあたりまえというスタンスをとっている。実のところこのスタンスのとり方は、著者が尊敬する林達夫との知的交流から来ている。やはり三十年前、林達夫の『共産主義的人間』(中公文庫、一九七三年。のちに中公クラシックス、二〇〇五年)の「解説」を書く羽目に陥った著者は、「たとえばまず、それぞれの文章を読む前に(あるいは後でも)必ずその『日付』に注目していただきたい」「この本に収められた文章が実はすべてほぼ四半世紀も前に書かれている、ということの意味を知って欲しい」と、「日付」のもつ意味を強調し、次のように述べる。「このような『日付への注目』をもって林さんの全著作を読み進んでいく時、ぼくたちは、たび重なる戦争を含む動乱の四分の三世紀を通じて『知的であること』を貫いた、林達夫という驚くべき柔軟でしかもしたたかな一知性に、確実にめぐり会うことになるだろう」

この「解説」は、やはり「からくり」めいている。たとえ林達夫を庄司薫と入れかえたとしても実は成立するからだ。しかも林達夫と同様に「日付」への注目は無論のこと、とりわけ著者に特有の「時間軸」への注目は、この解説の中で私がくり返し指摘した事柄に他ならない。ひるがえって考えてみると、『狼』を通底するテーゼは扉の裏に、素っ気なく一行で書かれ、『若々しさのまっただ中で犬死しないための方法序説』とある。

実はこの舌をかみそうなテーゼは『狼』の双子の兄弟たる『赤頭巾ちゃん』にも出てくる。『馬鹿ばかしさのまっただ中で犬死しないための方法序説』とあって、「逃げて逃げて逃げまくる方法」について書いている。お気付きだろうか、いつのまにやら「若々しさ」は「馬鹿ばかしさ」に変換されている。しかも『狼』の最終部分では、『赤頭巾ちゃん』から「馬鹿ばかしさ」のテーゼとしてわざわざ導入されるという儀式めいた形になっている（もっとも『狼』の中では、「若々しさ」と「馬鹿ばかしさ」は、話題に応じて変換されているのだが）。

その上で、「今のぼくの一つの大きな夢は、たとえば『某は庄司薫と申て、作家の内にて一の臆病者也』と言えるようになることであり、『庄司薫はにげ薫』という評判を確立することだと言ってもよかろうか」と述べている。これはほぼ著者・庄司薫の願望的結論とみてよかろう。

そうは言っても、『赤頭巾ちゃん』四部作が輪廻転生の如き展開を示し〝終わり〟のない小説の様相を呈している上、『赤頭巾ちゃん』と双子の兄弟的地位にある『狼』もまた、〝終わり〟のないエセーとみることが可能だ。時間軸は『狼』のラビリンスにおいては、常に可逆的なのだから。

ただしあれから三十三年たった今、ある一点において時間軸は不可逆的になった。それは著者・庄司薫が「にげ薫」との評判の確立に、唯一成功した点である。そこで私の解説には「庄司薫はにげ薫　三十三年たっての解説」というタイトルがふさわしいと思いつつ、ひとまずピリオドを打つことにしよう。

翌日読んでもらいたいささやかな解説のあとがき

『赤頭巾ちゃん』四部作を、今の「若者」はどう読むのか。興味のあるところだった。もっともあれから三十年以上たって、「庄司薫はにげ薫」にみごと成功し、世の中で云々されることはほとんど無い。私の東大駒場でのゼミ(一、二年生対象)でとりあげるべきか否か悩んでいた。

ところが今年のゼミの春のコンパの席上、ほどよく酒もまわった頃、都心の高校から来た学生の口から、思わず知らず、「庄司薫の赤頭巾ちゃん」という言葉がポロリと出た。この一瞬の出来事をつかまえて、ゼミの秋合宿の課題を『赤頭巾ちゃん』四部作とした。出来栄えは如何。けっこうみんな楽しくしっかりと読んできた。著者・庄司薫のラビリンスの中にある意外にも骨太の論理をつかんだ上で、著者とのだましだまされる関係に議論は盛り上がった。指定文献にはしなかったのに『狼』もみな参照しており、その熱心さには感心した。

それよりも一番面白かったのは、一九八〇年代半ば生まれの彼等が、驚くべきことに、文庫新装版ではなく、古い単行本や文庫旧版のいわば年代物の本を持ってきたことだ。いずれも彼等の父親・母親の書棚から借りてきたとのこと。なるほど私の世代に重なっている筈だから、みんな読んでいておかしくはない。不思議な感慨がわいてくる。

無論、彼等の両親はこれまたみな一様に、怪訝《けげん》な顔をしたらしい。「何で今頃赤頭巾ちゃんなのか」しかも「〝政治学〟を読み破るゼミで」と聞き、絶句した親もいたとか。中には当時感動の余り、「庄司さんにファンレターを出した」母親もいたらしい。これはまた何とも言えないほほえましい話ではないか。青少年のある一時《いっとき》、人はみな『赤頭巾ちゃん』四部作に心を動かされた。でも大人になるにつれてそれらはいずれも忘却の彼方に消えていく。これは、いつかどこかで聞いたような話ではないか。

深夜になっても延々と続くゼミ合宿のコンパの中で酔った頭に浮かんで来たのは、「ピーターパン」の最後のシーンだ。ネバーランドに戻っていくピーターパンの海賊船を見たウェンディの父親ダーリング氏は、「これはいつか見たことがある光景だ」「そうだずっとずっと幼い頃の話だ」と、ピーターパンを思い出すのである。我々の世代も還暦間近となって、追憶の中に希望を見出すことが多くなろう。そのよすがとして『赤頭巾ちゃん』と『狼』は再びよみがえる可能性あらん……。

第四章

戦後を築く

——保守政治家と高級官僚のたたかい

❖六人の政治家が語ったこと、語らなかったこと、語り得なかったこと

『私の履歴書　保守政権の担い手』

（日経ビジネス人文庫）

岸信介・河野一郎・福田赳夫・後藤田正晴・田中角栄・中曽根康弘［著］

本書には保守政権を担った首相クラス六人の政治家の「私の履歴書」が収録されている。しかし不思議なことに、戦後のいわゆる保守本流の政治家が欠けている。吉田茂、池田勇人、佐藤栄作らである。もっともそれが故になかなかユニークな構成になっている。ありていに言えば、「戦後史」をこの六人の「履歴書」を読み進めることで、立体的に理解できる。

まずはその書きぶりだ。六人六様、各人の人格と生き様を髣髴《ほうふつ》とさせる。本人が自ら筆を執って書いたかどうかは、ここではたいした問題ではない。取材と編集の妙によったとしても、そこから浮かび上がる人物像については、ほぼ納得できるからである。「日本経済新聞」の「私の履歴書」を担当した裏方の苦労話は、『政策とオーラルヒストリー』（政策研究院・政策情報プロジェクト編、中央公論社、一九九八年）の九一－一〇〇ページを参照されたい。

そこで本稿では、六人の政治家の「履歴書」に即して、その特質を述べたい。最近の「私の履歴書」は功なり名をとげた方が、一カ月分三十回という定式の中で自らの一生を回顧するという形が

出来上がっている。この形式要件にピタリ適合するのは、群馬県の選挙区でライバルであった中曽根康弘と福田赳夫の二人だ。後藤田正晴も辛うじてそこに入りそうなものの、副総理就任前後の政治活動に話が及んでいない。後藤田は現役政治家として意外にも長かったのだ。いずれにせよこの三人は、平成に入って一九九〇年代の時点からの回顧ということになる。

これに対して、河野一郎(一九五七年)、岸信介(一九五九年)、田中角栄(一九六六年)は、「私の履歴書」のフォームがまだ定まっていない時代の産物である。党人派の河野と田中は、天下盗りをねらう以前のいわゆる実力者時代における回顧に他ならない。岸に至っては、首相時代という、今からでは到底考えられない時点での回顧なのである。後述するように、当然のことながら回顧の内容は限定的にならざるをえない。岸と田中は、ものの見事に官界以前、政界以前の若き人生の回顧に絞られる。河野にしても素直に自らの姿をさらけ出しているのは、戦前の武勇伝の部分のみなのだから。

さて、その河野一郎である。他に形容の仕様がないほど、河野のシャベリは奔放そのもの。「私は家にいても学校にいてもこわいものはなく、わがままのかぎりを尽くしたといまでもいろいろ覚えている」と言うのだからすごい。小学校には友達と一緒に行きたいと河野が言ったので、一年早く「親父が無理して入学させた」というのもめちゃくちゃである。もっともこの点は後藤田も同様で、「私は学齢に達していないのに東山小学校に入学してしまった。おやじが強引に押しこんだようだ」とある。戦前の小学校はノンビリしたもので親父の力というのが、かなり利いたことがわかる。

河野の破天荒ぶりは、中学でのストライキの計画、英語はすべてカンニング、早稲田は理工科に失敗して政治科に入れてもらう。そこでも勉強抜きのマラソン三昧、卒業マラソンもインチキで一着、朝日新聞入社も正攻法ではならず……と、まあ、人生講談を地で行くような回顧である。しかも河野のこれらの回顧には、うらみつらみがまったくなく陽気そのものなのだ。

それは朝日の記者になっても変わらない。「いま考えてみるとどうも腕白の限りをつくしたものだ」と自ら語っているぐらいだから。それでも「人間に生まれた以上、ぜひあの二重橋を自動車で渡るようになりたいものだと思った」河野は、どうしても代議士になりたかった。そして代議士になれば、議会を通じての官僚攻撃だ。選挙弾圧をうけるも、獄中から当選するすさまじさ。司法権とそして官僚とますます戦う精神を養うことになる。

幹事長と農林大臣以外の役職にはついたことがなく、常に野党的立場の前線で働いたことが、河野の誇りであり自慢であった。だが以上の河野のあけすけな回顧の中に、遂に首相になれず仕舞となるわけが述べられている。自らが語るようにその余りに破天荒な行動様式は、やはり多くの人間に警戒心を生ぜしめたであろうから。

その点を河野派に属していた中曽根は、みごとに看破している。「河野一郎という人間は、肌を接して日常の馬鹿げたことから付き合っていないとなかなか真価はわからない。仲間はとことんまで守りかわいがるが、敵は徹底的にやっつける」と。かくて河野一郎の「私の履歴書」は、功なり名とげるまでにはいかぬであろう彼の半生が浮き彫りにされている点で、読みごたえがあると言わざるをえない。

同じく党人派の田中角栄はどうか。戦後代議士に当選するまでの幼少期から青年期までの田中の回顧は、小林秀雄がほめたという逸話があるが、確かに名文である。大蔵大臣、幹事長を歴任し、首相をねらう立場になった時点での回顧である。気分としては河野と同様と言ってよい。

田中の文章は、しかしどこか暗い雰囲気を漂わせ、もの悲しい。貧乏でドモリで父親に甲斐性がないということから来る劣等感。関東大震災で焼け出されて帰って来た人々の行状について、「東京の連中は、米やみそも、よくもまああんなに持てるものだと思うくらいたくさんかついで帰って行った。私は子供心に『東京の人たちはいやな人たちだ』と思った」のである。

それに後年のロッキード事件における田中の心象を先取りするかのように、無実の罪に泣くエピソードが一つならず出てくる。その折の田中の嘆きは次のようなものだ。「おとなは案外、真実をわかってくれないものであることがわかった。人は無実の罪で罰せられることもあると知り、こんな不正は世の中から断固追放しなければならないと思ったのである」

そして上京してタクシー運転手にだまされるところから、田中の東京譚《たん》は始まる。理化学研究所の大河内正敏を自宅に訪なうも結局会えず、市電にはね飛ばされたり、どうも不器用のせいかツキがない。それでいて負けず嫌いなものだから、言い返したり暴力をふるったりのエピソードもまた枚挙に遑《いとま》がない。結局海軍軍人への志をたてるも母の病のために挫折する。「私は長い夢との訣別を決めた夜、ひそかに泣いた」の一文にホロリとさせられる。

大河内とのようやくの出会いから、建築業への専念、そして多くの建築人脈とのつながりまで行って、田中の筆は少し軽みをます。しかし、軍隊生活のつらさや自らの病、そして妹の死と田中の人生は決して恵まれてはいない。戦前の田中の回顧からは、総じて彼がこの国に受け入れられぬ存在だったことが明らかにされる。だからこそ、戦後は陰陽逆転となる。代議士初当選の報を、夢か現《うつつ》かの状態で聞くところで、田中の「私の履歴書」が終わってしまうのは残念だ。

かくて田中も河野と同じく、その人生真只中での回顧の中に、それから後の政治家としての人生を暗示するようすが見られる。これはおそらくは、定式定まらぬ早い時期の「私の履歴書」の意図せざる結果であったろう。では河野がポスト鳩山の首相として推し、田中が中曽根とともに初入閣を果たした内閣の長であった岸信介の場合はどうか。

岸は「私はまだ自叙伝を書く時期には至っていないと思っている」と冒頭に書く。それもその筈、首相まったただ中の岸に過去を回想する気分もゆとりもない。それでも巣鴨プリズンを出所してからの第二の人生の壮年期にあたって、第一の人生の青春の記を記しておきたいと言うのだ。おそらくは、当時マスコミでいたって評判の悪かった岸信介に、自らの弁明の機会を与えたのであろう。

岸の回顧は、明治維新と曾祖父との関係から説きおこされる。青春の記に限るとはいえ、近代日本国家というものが、山口中学に通う頃からは明確化する。勉強をせず、試験も不出来であった子供時代を卒業すると、岸の目線はピタリ国家と一致する。山口中学では首席で通し、軍人志望から高校志望へと変わり、一高を受験する。一高時代の思い出は岸にとっても心地よい。

「私は当時を回想して寮制度を謳歌してはばからない。全国より集まった秀才が起居をともにして互いに胸襟を開き、切磋琢磨をする機会を持つことは、人生行路にどのくらい貢献するところが多いか、はかりしれないものがある。人生を論じ、芸術を語って夜を徹するがごときは日常茶飯事である。青春を遺憾なく味わいつくすのも向陵寄宿生活の特権である」

これほど歯切れよく無駄のない旧制高校（とりわけ一高）讃歌は、他になかろう。岸は手あたりしだいに書物を読んだ他、寄席や娘義太夫に通うなど遊ぶ方も人なみだったと告白する。これに対して大学時代は我妻栄と法律論で議論をたたかわせ、一年の成績は「八十九点一分で我妻君と同点同分」とさらりと言ってのけるところがすごい。

岸の国家思想はここでも明快だ。「私は上杉（慎吉）先生の極端な国粋主義や保守主義にあきたらぬものがあったけれども、気分のうえからはなんといっても保守的国粋的で美濃部（達吉）博士や吉野（作造）博士にはとうてい同意できなかった。ことに上杉博士の人間的魅力には強く引きつけられた」

その上杉には憲法講座担当として大学に残るように懇請されたが、岸は行政官としての道を選ぶことになった。岸の青春記は、やはりその後の岸の人間像を考える上で興味深い。ムリ、ムダがなく、必然的に国家とむき会う基盤が備わっているのだ。

不思議なことに、岸が自派の後継者に指名した福田赳夫もまた、上杉の後継者として目されたことがあるらしい。福田は「内弟子として大学に残れという意向もあったようだ」と書いている。そこで次にこうした奇縁のある福田赳夫に移ろう。

功なり名とげた人の「私の履歴書」として確立されたため、福田の場合、一高の思い出ですら印象に残る記述は少ない。しかし戦前の大蔵省時代のエピソードは、現代史の一齣《こま》を髣髴とさせて面白い。日露戦費調達の償還をめぐる高橋是清蔵相とロスチャイルドとのくい違い、永田鉄山陸軍軍務局長との実務での付き合い、気の合った汪兆銘との交流などなど。

戦後すぐの回顧では、次の一文に政治の裏側が察せられて妙だ。「私は七月に銀行局長になったので、封鎖預金の動きをすべて知り得る立場になり、主な政治家の資金源も手にとるようにわかった」。もっとも昭電事件で起訴された福田は金銭の出入りには気をつけていたようだ。だから、政治家になってまもなくは、池田勇人や三木武夫のカネを受け取らなかったことを記している。それではなぜ岸についていったのかは実は詳しい記載がない。

だが早くから岸は福田を買っていた。内閣改造で政調会長、幹事長に次々と指名した岸は、なんと第三段階で大蔵大臣に登用しようと考えた。しかし、佐藤大蔵（留任）、池田通産（新任）となり、福田は農林大臣になった。このあたりの福田の回顧は一見あっさりとしているが、実は生々しい。ムリ、ムラ、ムダのない筈の岸は、福田後継の認知をいそぐ。「後継は福田だということがわかるような行動をとり始めた」岸は〝贔屓の引き倒し〟的効果をもたらしたのではなったか。

角福対決に到るプロセスに、新しい話はない。しかし、田中角栄の〝決断と実行〟の前に、佐藤栄作が手も足も出なくなっていく有様が、福田サイドから語られている点は興味深いと言えよう。この点は大福対決も同様であり、話し合い選出に活路を見い出そうとする福田の姿ははっきりしている。その福田も今は亡い。

政治家としての一生を語った点で、また群馬の選挙区で福田とライバルだった点で、五番目に中曽根康弘をとりあげよう。「私の履歴書」のみならず、今なお数々の回顧録を残し、政治提言を続々と試みる中曽根は、本書の登場人物の中で刊行時唯一生存せる長老である。したがって中曽根の回顧は、特に回顧せる時の意味が重要である。中曽根の「私の履歴書」は、リクルート・スキャンダルからの再生のプロセスの中で、本格的な『中曽根内閣史』（世界平和研究所、一九九五－九七年）の作成を横目でみながら書かれている。それと同時に「戦後政治家の総決算」を試みようと配慮したかに見える。

だから政治家になってからの回顧では、常に同期の田中角栄を意識している。戦後最初の民主党総裁選で中曽根は芦田均を、田中は幣原喜重郎を推したことから始まり、二人のあざなえる縄の如き政治人生についての中曽根による解釈はなかなかに面白い。また「私は政治家としては松村謙三氏に、政党人としては河野一郎氏に教えを受け、宰相学は佐藤氏に手ほどきしてもらったと思っている」と、長老政治家を彼との関係中に的確に位置づけている。

さらに東大教授・矢部貞治や、徳富蘇峰とのつき合いも大事にしていたことがわかる。もっともその他の人間関係も含め、中曽根の回顧は確かに自ら語るが如く「この旅路の独白は歴史の法廷の被告にしては自己主張が強すぎた」感がある。しかしだからこそ魅力的なのだ。ハデな言動や君子豹変をくり返した中曽根は、今まさに自らの行動を他者に、あるいは後世の読者に説得しようと、一生懸命なのだ。その意味で、中曽根は、もちろんこの「私の履歴書」で終わることなく、さらに前人未到の回顧と提言を続けていくのであろう。

中曽根そして田中、あるいは福田もまた使いたかった男、それが後藤田正晴である。後藤田の「私の履歴書」については、その後、私自身が『情と理』上下巻（講談社、一九九八年。のちに講談社＋α文庫、二〇〇六年）というオーラル・ヒストリーを公刊した当事者であるだけに、フェアな解説ができるか否かに自信がない。しかし「私の履歴書」は『情と理』のダイジェスト版として読むことが可能だ。つまり回顧録としての全体の骨格はほぼ同じなのである。ただ各々の事項についての説明が、『情と理』の方がより詳しくより機微に触れる恰好になっている。

小学校に一年早く入学したこと、英語が嫌いだったことなどは、河野と同じであるし、旧制高校礼讃の件では岸、中曽根、福田らと一致する。しかし余人が触れずに後藤田だけが触れている個所がある。それは敗戦のみじめさということだ。いくつか摘記してみよう。

「途中で目にした一面の焼け野原、大阪駅周辺で見た浮浪者の群れ、このときほど敗戦のみじめさを感じたことはない」

「その横浜でまた、敗戦のみじめさを味わされた。街のいたるところに米軍のキャンプがあり、それを食うに食えない女性たちが取り巻いている。広島の原爆のような悲惨さとは違った戦争の悲惨さを痛切に感じた」

「もう一つは、一部の外国人の言動である。私の前任者はこういう人たちに、いきなり課の中になだれ込まれて、まず電話を押えられてから脅迫された。要は物資配給に際して『特別配給をしろ』ということである」

「私は絶対に特配はしない、その代わり日本人と同じように公平にやる、ということを貫き通した」

国が敗れるということが、後藤田は骨身にしみてわかったのだ。後年の後藤田の憲法九条と平和主義を守る発言のもとは、ここにあるというわけである。

六人の保守政治家の「私の履歴書」は、現代を理解するための、くめども尽きせぬ要素であふれていると言うことができよう。

◈書かれなかった物語があぶり出す蜜月の終焉

『危機の宰相』（魁星出版）

沢木耕太郎［著］

「青春の終焉」と、ある作家――別に匿名《とくめい》にすることもなかろう、三浦雅士である――が言った。二十世紀も末のことである。現代では死語となった「青春」とか「青年」とか言った言葉が、十九世紀の世紀の変わり目あたりから始まって、二十世紀過半で遂に終焉にいたることを、日本文学に即して論じている。一九六〇年代に「青春」は最後の輝きを見せて、何と七〇年代初頭から消え去っていく（参照『青春の終焉』講談社、二〇〇一年）。

〝団塊の世代〟の「青春の終焉」と、それはまさに重なっている。いやもちろんこの作家自体が〝団塊の世代〟の刻印をしっかりと打たれている。とすれば、〝団塊の世代〟の「青春」と共に、近代という時代を規定していた「青春」もなくなって当然である。そして近代という時代が大きな転換期を迎えることになろう。それから後の世代には「青春」の刻印を打つための共通体験そのものがなくなってしまったのだから。

そういえば、この作家より十歳上の作家――これまた匿名にする必要もない、庄司《しょうじ》薫《かおる》である――が、〝団塊の世代〟をフェイクするかのように、『赤頭巾ちゃん気をつけて』（中公文庫）と題する「青春」文学にてミステリアスにデビューしたのは、一九六〇年代末のことであった。それこそ「青春」が終焉を迎えるなんて到底考えられない時期に世間をにぎわせた華々しいスパークそのものだった。

しかし実のところ「赤・白・黒・青」と輪廻《りんね》転生《てんしょう》の如き展開を示した四部作もまた、〝団塊の世代〟の「青春」と同じく、時代の「青春」に終焉の運命が訪れることを暗示していた。この作家の饒舌は、四部作の完結――それは一九七七年のこと――と相前後して閉じられる。

一九七七年、まさにこの年に、本書の書き手たる沢木耕太郎は、本書の原型となる作品『危機の宰相』を「文藝春秋」（七月号）に掲載して、ノンフィクション作家として注目を浴びるようになる。沢木もまさしく〝団塊の世代〟に属する。二年後、初めての長編作品『テロルの決算』（文藝春秋、一九七八年。のちに文春文庫、一九八二年）で、大宅《おおや》壮一《そういち》ノンフィクション賞を受賞する。それから後の彼の旺盛な作家活動は、周知の通りである。数年前、テーマ別に九巻にまとめられた『沢木耕太郎ノンフィクション』と称する作品集成（全九巻、文藝春秋、二〇〇二―〇四年）は、その実証に他ならない。

ここでは、沢木の作品群全体を論じるのが目的ではない。一九七〇年代の後半、今日では「青春の終焉」と目されるようになった時代に、歴史ノンフィクションの担い手として現われた沢木耕太郎が、その後なぜその道を歩むことなく、もう一つの道へと足を運んだのか。その謎解きに迫りたいと思う。

そのためには、二〇〇四年に沢木が公刊した作品集成のうちの一冊『１９６０』に触れておかねばなるまい。刊行直後、私がある感慨と緊張感をもって記した書評を、次に掲げたい。


息の長い〝作家〟の著作集を読むと、昔の自分と再会するような気分になって、えらく懐かしい。評者はまさに研究者としてかけ出しの時代に、沢木耕太郎の一九六〇年に焦点を合わせた『テロルの決算』と『危機の宰相』に出会った。実はこの二作品との遭遇こそが、その後の評者の歩みを決定的にした。何故なら、ノンフィクションという〝新しい〟手法に則れば現代史が描けるという確信めいたものを抱くに至ったからである。

あれから四半世紀がすぎた。率直に言ってこの二作品を上まわる歴史ノンフィクションは世に現れず、沢木もまたそちらへの道を封印した。評者は長いトンネルをくぐった後、ノンフィクションの手法にヒントを得て、いつしかオーラル・ヒストリーという領域の担い手となった。

正直なところ、この時点での再読を躊躇《ちゆうちよ》しなかったと言えばウソになる。青年期の感動はどこへやら、年輪を重ねての再会から何らのインパクトを受けないことは、往々にしてあるではないか。

結論から言えば著作集としてみごとな出来栄えという他はない。その特長を一言にして言えば〝構成美〟ということ。山口二矢《おとや》と浅沼稲次郎がテロルの一瞬に相見《まみ》えるシーンに至るまでの、片や短くとも濃い人生の軌跡、こなた戦前からの長く変化の多いライフ・ヒストリーを、合わせ技にして一つのストーリーに筋立てていく組み合わせの妙が、ここにはある。

また池田勇人、田村敏雄、下村治という人生航路の敗者三人が、「所得倍増」を明確に目標として掲げ、一人は表舞台の主役となり、今一人は裏方の事務の元締となり、三人目はブレーンとして政策の振り付け役を務めることになるドラマを創り出す。そして時に同床異夢でもある三人の微妙な言動を、骨太に描く。ここにもまた三者三様が三者一様となるかに見えて最後には別離を迎えるまでの構成の妙がある。

以上からわかるように、沢木の歴史ノンフィクションの面白さは、一人の人間に特化することなく、複数の人間を自在に組み合わせることにより、彼等が生きた時代をダイナミックに捉えるところにある。さらに言えば、沢木が本当に描きたいのは、人ではない。むしろ時代そのものなのだ。だから二つの作品に共通するのは、人物を通して浮かび上がる時代をイメージする引用が多いことだ。

逆に言うと、一人の人間にいつのまにか惚れ込み、結果としてその人に関する引用が延々と続くという、昨今よく見られるノンフィクションの風潮が、ここにはない。対象に飲みこまれまいとする緊張感が漂い、複層的にモノゴトを捉えようとする無駄のない引き締まった文体に、あらためて若き日の沢木の才能を感じさせられる。

〝構成美〟は各々《おのおの》の作品を貫くと同時に、再録にあたって、『1960』と題された著作集第七巻の編集にも、実は貫かれている。既に単行本化している『テロルの決算』はそのまま、雑誌論文のまま放置してあった『危機の宰相』には手を加え、そこに第三の幻の作品『未完の六月』の存在を示唆するのだ。メディアと学生運動をからめて唐牛《かろうじ》健太郎に焦点をあてた未完、いや未筆の作品に、今の沢木はかなりのこだわりを見せている。

果たして『源氏物語』の「雲隠《くもがくれ》」の帖にも似た書かざることによるアピールを、どう受けとめたらよいのか。一方で今やこの〝三部作〟は一九六〇年を語る古典となった。他方であまりにも見事な〝構成美〟の陰に、評者は爾後《じご》歴史ノンフィクションを封印した沢木の真意が見えた気がした。

（「毎日新聞」二〇〇四年八月二十九日付）

ここで評した三つの作品のうち、『危機の宰相』が、あらためて単行本化されたわけだ。しかしこれは順序が逆なのではあるまいか。普通ならば、もう一つの作品『テロルの決算』に見られるように、雑誌掲載→単行本化→文庫化→著作集編集といった転生をとげて、古典としての殿堂入りとの評価にいたるのであろう。しかし、『危機の宰相』は、そうした評価にあらがう何かを秘めていた。

そこでどうやら沢木は、〝構成美〟みごとな作品集成から、再び『危機の宰相』を解き放ち、単行本化して世に問う決意を固めたに相違ない。でもその予兆は、先の作品集成の中の「未完の六月」と題する文章においてすでにあった。雑誌掲載の後、何度か単行本化を試みるが常にうまくいかなかったことを明らかにした上で、沢木はこう書いている。

「私には、何年、何十年と抱えこんで、ようやく刊行にこぎつけたという作品が少なくない。しかし、そんな私にもこれほど時間のかかったものはなかった。文藝春秋に発表したものを第一稿とすれば、それから今回の決定稿までに二十七年が過ぎたことになる。さすがの私も茫然《ぼうぜん》としてしまいそうになる」

三十年近く決着をつけられなかった作品に、ようやく片をつけた筈の沢木は、果たしてそれで腑《ふ》に落ちたのだろうか。今一度沢木の述懐に戻ろう。「間違いなく『危機の宰相』は岐路だった」との思いがある。『テロルの決算』の後、『危機の宰相』を完成させるか、『一瞬の夏』(新潮文庫)を生きるかの二つの選択肢があった。そして沢木は『危機の宰相』を選択しなかった自らの人生について次のように述べる。

「もし、私が『危機の宰相』を優先していたら、いまの私と質の違う書き手になっていたことだろう。『1960』を書き上げ、かつ『1970』に手をつけ、さらにさまざまな形で歴史を物語るという方向に行ったかもしれない」

しかしなぜか沢木はもう一つの道を選択したのだ。もちろんそれに悔いはないと言う。その通りだろう。〝構成美〟みごとな元の作品を、三作品揃えてこれまた〝構成美〟をほこる作品集成として公刊した時、沢木の選択しなかった人生についても彼自身が納得できる終止符が打たれた筈であった。沢木にとっても、それは過去に未完成であった作品を〝完成〟させるという、あくまでも自己確認の行為にすぎなかったとも言えるからだ。

だがいつのまにやら自らの未完の作品を公刊という形で解放したつもりでいながら、実は逆に過去のとばりの中に封印してしまったかもしれぬ可能性について、沢木は気づき始めたのではないだろうか。〝団塊の世代〟として沢木自身まもなく還暦を迎える。一足先に〝戦後という時代〟もまた還暦を迎えている。こうして今になってみれば、一九六〇年代から七〇年代までは、高度成長の時代として、まさに〝戦後の「青春」時代〟として久しぶりに思い出される。なつかしさというノスタルジックな感情が育まれ、映画やテレビやグッズそしてポピュラーソングにいたるまで、今や六〇年代ばやり、七〇年代ばやりではないか。そしてそれらは他ならぬ〝団塊の世代〟によって生み出され、そのまま消費されるという円環にも似た構造をもつ。

団塊の世代が還暦を迎えてみれば、格差社会と称される小泉純一郎に象徴されるニヒリズムの改革が進行中だ。それとまさに裏腹の形で、「青春」を享受し「青春」に傷つき「青春」をとっくに終焉させてしまった世代による、あたかもリベンジの如きノスタルジックなオンリー・イエスタデイの感覚による六〇–七〇年代幻想の再生が続く。

沢木が、こうした現代日本の風潮には違和感を抱いたとしても不思議ではない。本来、『危機の宰相』は、今の風潮にむかう手ごわさをもっている。あの戦後日本の高度成長という「青春」時代を、いったい誰が演出し実現したのか。それを一九六〇年に始まる「所得倍増」に求め、この言葉の由来から沢木は説きおこす。

その時の沢木の目線は、同時代を生きながらも、一つの時代の終焉を見すえるという困難な箇所にあった。そして一九七〇年代半ばの視点から一九六〇年前後に捉えるアクロバティックな執筆態度を持続せねばならない。その自らの立ち位置を明確にするために、沢木はまず一九五〇年代末のアメリカにおいて「黄金の六〇年代」到来の気分が横溢《おういつ》していたことから説き起こす。そして最終章に至って、あたかもこれと見あうかのように、戦後日本経済における「蜜月の終焉」を浮かび上がらせる。

その構図に揃えられた、時代を演出する立役者は三人プラス一人だ。池田勇人、田村敏雄、下村治、それに香川鉄蔵。大蔵省という組織における「青春」航路の敗者三人と、世捨て人一人が、このドラマの主人公である。沢木の見立ては、組織人としては傍流で異邦人たることを余儀なくされた彼等が、戦中から戦後の激動期をへて、大蔵省という役所の本来フラットな場における交流を通じて、いつしか場を立体化し、「所得倍増」を現実化するネットワークを紡ぎ出して、戦後日本の「青春」時代を創り出していく点にある。そのことは、沢木が筆をおこしたあの時代から三十余年を経た今、いたって明確になる。

まごうことなきエリート官僚がいてこそ光る異邦人といった共演関係は、今はもう存在しない。むしろ明確な役割分担は時の流れに応じてぼやけていく。沢木が「蜜月の終焉」という時代変動の予感の中で、敗者と世捨て人のドラマを構成した七〇年代に、実は見えやすかったものと、そうでないものがある。それはいったい何か。

当時の日本には、戦中から戦後を生き抜いたエリートと大衆の様々な体験の共有の感覚がまだありえた。勝者と敗者が一夜にして逆転する波乱の人生は、むしろあたりまえのことであった。だからこそ、沢木描くこのドラマはあれこれの前提をおくことなくすっと当時の読者に受け入れられた。だが、今は戦時体験がなく、エリートがなく、輪郭のはっきりしない社会となった。

こうして、ないないづくしの社会を生きる戦後世代にとって、本書の理解はこのままでは難しかろう。いやドラマの構成そのものは、往年の沢木の筆力のなせるわざで、うならせるものがある。

そこが問題なのではない。

あえて言おう。へたをすると、一時期、世の男たちが涙にむせんだＮＨＫの「プロジェクトＸ」の文脈で理解される恐れなしとしないのだ。

沢木の歴史ノンフィクションは、単純な苦労話の集大成ではない。沢木の意図は、好むと好まざるとにかかわらず、政治や統治の営みを歴史的に複層的にときほぐすことにあった。政治の世界、官僚の世界、それらを含めた統治の世界のあり方を、骨太に描くと言ってもよい。

沢木はこう述べる。

「一九六〇年代の日本において、『経済成長』はひとつの信仰だった。そして、大多数の国民をして『経済成長』という国民的信仰へと導くことが可能だったのは、おそらくは『所得倍増』という卓抜なスローガンがあったからである」

さらに次のように語る。

「『所得倍増』には四つの側面がある、といった。『発想』として、『計画』として、『政策』として、『ブーム』として、の四つである。これらはひとつのものの四つの貌であると同時に、時の経過による相の変化である、ともいった」

こうしたテーゼを背景に、沢木はあくまでも人間の臭いのするドラマを前面に押し出した。そこで今になって初めてわかる点に触れておこう。第一にここには田中角栄によって手がつけられた土木国家日本と、自民党における二重支配の構造といった高度成長後の日本を貫通したテーマが扱われていない。田中は確かにこの時期すでに大蔵大臣として登場している。エリート官僚出身ではない田中の蔵相就任は、明らかに高度成長が育んだ「鬼子《おにご》」であったと、今日では断言できるのだが。しかし田中を主役とするドラマがなかったからこそ、高度成長期前の大蔵省、自民党、宏池会といったいまだ柔らかく可塑《かそ》に富んだ組織間を連携させる人間の絆が、生き生きとはっきり見えてくる。前尾繁三郎、大平正芳、宮澤喜一と連なる文人肌の大蔵省出身の政治家たち、哲学や経済思想を政治に反映させようと模索するすでに述べた下村、田村、香川と続く異邦人的感覚で大蔵省―宏池会を結ぶ官僚たち、それに最近の研究（参照、牧原出『内閣政治と「大蔵省支配」』中公叢書、二〇〇三年）の知見から付加しておくと、森永貞一郎、石野信一といった大蔵省官房調査課系統のエリート官僚たち。

何とそこにうごめく人間たちのドラマは、それぞれが深い絆に結ばれながら、自らの役割を自覚し自らの契りを守って、演じていくうちに、いつしか個々の人間の意図をはるかにこえて、高度成長の政治を実現していく様となる。その変転の機微に及ぶ時の沢木の文体のしなやかさには驚く他ない。

本書が三十年前の記述からあぶり出しているのは、卑小化し自信を喪失し、自らの人生の、いや自らの組織の行く末にも確固としたチャートが描けなくなってしまったまさに今日の官僚の世界、政治の世界、統治の世界そのものだ。

逆説的だが、今、本書を読むと、一九六〇年前後に確かに存在した立体的な政治空間、行政空間のダイナミズムがはっきりと伝わってくる。今はもう失われてしまった、かつてあったよき時代、それこそ高度成長を演出した「青春」の時代がくっきりとよみがえるのだ。

「破壊」の時代の今こそ、「創生」の時代の昔のレッスンを読みとるべきであろう。「歴史の効用」とは、まさにこのことを言う。

思えば、沢木は歴史ノンフィクションへの道を余りに早く歩み始めたのであろう。人は一つの時代が終わったとの認識に満たされた時、初めてその時代の歴史が書けると言う。沢木が「蜜月の終焉」をかぎとった一九七〇年代半ば、確かに「青春の終焉」も進行していた。しかしながら今、明らかになったほど、それらのことはすべての人に理解されたわけではなかった。歴史への理解の文脈は、時と場合によって天と地ほども異なるのだから。それを本能的に悟った沢木は、この道の選択をやめたのだ。

同じ時代を、沢木ら〝団塊の世代〟のすぐ下の世代にあって生きていた私は、沢木の歴史ノンフィクションの将来に期待し、結果として裏切られた。しかし今、沢木が本書をもう一度(三度目!)読者に投ずる決意をしたことを知って、彼の変わらぬ時代との戦いの意味を読み解いてきた。三十年前に、さらにその前の時代を描いた本書は、今の時代だからこそ受け入れられる側面をもつ。

細かい事実の精査は、はるかに下の世代の研究者たちにまかせたらよい。

大きな時代のドラマを通して、「創る力」「想像する力」のほとばしる様に触れたい。破壊と想像力を喪失した今の日本に必要な何かが、ここにあるからだ。たとえ敗者であれ何であれ、自らの分を守って所を得ることさえできるならば、人は満足のいく人生をすごせるだろう。

今こそ、こうした沢木のメッセージを政治家や官僚など統治の世界であえぐ人々、そして彼等を垣間見て自らの今後を思い悩んでいる人々、もっといえば私のゼミに集う学生諸君と同世代の「青春」を生きる人々に、受けとめてもらいたい。変わらぬ〝若書き〟の沢木の文体の魅力をも堪能しつつ。

◈五五年体制の崩壊と官邸強化の生き証人

『首相官邸の決断　内閣官房副長官石原信雄の2600日』（中公文庫）

御厨貴・渡邉昭夫［インタビュー・構成］

官邸と官房の実態

内閣官房とは何か。首相官邸とはどんな所なのか。政策決定の中枢と通常言われながら、実態は明確ならず、イメージもなかなかわきにくい。はなはだ不得要領の機構であり部署である。そのことは今年になって喧々囂々、マスコミの間で専ら喧しい〝橋本行革〟においても変わらない。すなわち〝橋本行革〟で内閣機能の強化がくり返し叫ばれ、その結果、行政改革会議が一府十二省庁の中間報告案をまとめ上げた段階(一九九七年九月三日)でも、なお同じなのだ。

従来の内閣機能を格段に拡充強化するとのフレコミの下に、新たにイメージされた総合調整機関としての「内閣府」、そして総合戦略機関としての「内閣官房」。さらに地方自治および人事組織の管理機関としての「総務省」。結局は二分されたとは言え、首相直属の機関として大官房の色彩はなお濃い。この三組織が織りなすトライアングル・ゾーンに運用の妙があることは確かだ。だが総合調整といい、総合戦略といい、聞こえはよい言葉だが、現実に何をどう決めるのか、一歩踏みこめばそこはやはり闇の中だ。〝言葉の行革〟、ふとそんな気さえする。なぜならこの手の内閣機能の強化は、歴史を遡れば、はるか彼方に思える一九三〇年代の昔から、くり返し議論されている事実があるからだ(拙著『政策の総合と権力』東京大学出版会、一九九六年)。

今後はたしていかなる成案に落ち着くか、現段階ではまだまだ不確定の要素が強い[❖5]。だがいずれにせよ、ここは温故知新のことわざ通り、これまでの内閣官房のあり方をじっくり聞いておく必要があるのではないか。そのための恰好の歴史の証言者、それが他ならぬ元内閣官房副長官、石原信雄なのである。

首相官邸にあって、いわゆる「政」と「官」との接点に位置しながら、「官」の側に身を置くのが「内閣官房副長官」だ。もっとも官房副長官は二人制である。一人は官房長官と共に「政」の側にいる「政務」の副長官、そして今一人がここで注目する「事務」の副長官ということになる。石原は五五年体制爛熟期である竹下内閣の官房副長官に就任。その後、宮澤内閣の官房副長官として五五年体制の崩壊に立ち会い、さらにポスト五五年体制模索期の官房副長官を細川内閣から村山内閣まで務めた。在任実に七年四カ月。これは五五年体制下ではもとより、戦後新憲法体制における最長レコード[❖6]と言ってよい。その意味で、言わば生き字引とも言える存在の石原の証言を通して、官邸と内閣官房の実態に迫ったのが本書の内容である。

内閣官房の実態

そこで本稿では石原の証言に即して、内閣官房の実態について解説を付すことにしよう。まずは「官」のトップたる官房副長官とは何かを明らかにせねばなるまい。そのためには、そもそも内閣官房とは何かについて触れる必要があろう。実はこれまでのところ、この点についての情報公開を最もよくこころがけているのは、後藤田正晴である。後藤田は、内務省出身という点で微妙に(石原氏は戦後分割後の自治庁入庁)、そして官房副長官の経験では文字通り、石原の先輩にあたる。

田中内閣の官房副長官から政界入りし、中曽根内閣での名官房長官ぶりをうたわれた後藤田の三部作（『政治とは何か』『内閣官房長官』『政と官』いずれも講談社）を参考に見ていこう。

後藤田は内閣官房を「閣議事項の整理や内閣の統一保持上必要な総合調整などの事務を掌るもの」と定義し、それを総轄する官房長官を「内閣の組織の要の存在」と述べる。したがって「内閣官房長官の場合は、行政への取組み姿勢とか、個人のパーソナリティに裏打ちされた全人格的な影響力が強く反映されることになり、その結果、内閣官房長官の行動のあり方によって内閣のもつ雰囲気がつくられていく」

つまりここで官房長官のイメージは、限りなく首相のイメージに近くなる。首相も官房長官も法律上の権限は小さい。それ故に実は、事実上の政治的影響力が決定的にものを言う。「平たく言えば、いわゆるまとめ役とケンカを仲裁する権限だけだ。各省庁がもっているような本来固有の権限は何もない。その結果、官房長官の仕事はまったく相手次第ということにもなってくる」と後藤田が語る所以《ゆえん》である。

そして後藤田は中曽根行革（官邸強化）後の内閣官房の組織について、次のように簡潔にまとめている。「こうした内閣官房長官の行動を支えるのが、二人の内閣官房副長官（政務、事務）と内閣参事官室、内閣内政審議室、内閣外政審議室、内閣情報調査室、内閣安全保障室、内閣広報官などの内閣官房の組織である。このほか、内閣総理大臣の最も身近な存在であり、その耳目となり、手足となって行動する内閣総理大臣秘書官の存在も見逃すことはできない」。

では次に、このように中曽根内閣下で一応の制度的完成に達した内閣官房を、事務方のトップとしてどのように切りまわしたか。その証言をきいてみよう。官房副長官が主宰する事務次官会議のあり方について、石原はこう述べている。

「普通の次官会議というのは閣議の前。閣議が火曜日と金曜日ですから、次官会議は月曜日と木曜日。それは翌日に閣議に出す案件を一応全部、確認するわけです。だから、普通は次官会議は、一種のセレモニーです。そこで大喧嘩するようなことはありませんから。ただ、そこをスムーズにやるためには、その前段で、前の日までにきっちり話をつけておかないといかんということなんです。ときどき、法案なんかで、各省間で意見が合わなくて反対する役所が、次官会議の場で発言するようなこともあります。だけど、私は、それは絶対だめだと。そんなにいうなら、その前の日に俺のところにこいといって、事前に調整し合いました。ああいう会議で、各省の次官が全員揃っているときの会議の場で、議論を始めたら、関係のない次官はえらい迷惑しちゃうんですよ。みんな、それぞれ、忙しい日程を持っているわけですからね。だからセレモニーだというけれども、セレモニーにしないと他の省が迷惑するんですよ。本当に議論があるのは、関係する省庁だけなんだから。それは一晩でも二晩でもやればいいんですよ。その省だけで。あるいは、必要があれば官邸の中に入ってもいいんだけど。そのため、全省庁がつき合わされるのは、かなわんですからね。そういうやり方をしないんです」

長くて三十分、普通は十五分から二十分で食事と共にすませる事務次官会議のセレモニー性について、当事者でなければわからぬ証言である。また首相との接触度については、官房副長官は定期的に首相に報告する義務はない。外務・大蔵・通産などの各省事務次官及び内閣情報調査室長が定期的に首相に説明するのと、その点で対照的である。その上で石原は次のように言う。

「官房副長官が総理と接触する頻度は、官房長官によってうんと違いますよ。たとえば、いまの梶山静六さん、中曽根内閣の後藤田さん。この人たちはかなり実務的な問題まで含めて、官房長官が総理と相談している。そういうときは官房副長官が総理まで行って、直接ご指示を仰ぐとか、意見を申し上げるという機会はあんまりないんです。むしろ、官房長官のところでとまるんですよ。それは本来、それでいいんですから。

ところが、官房長官によっては、それをやらない人がいる。一番典型的な例は海部内閣のときの坂本三十次さんです。坂本さんはほとんど、総理のところに行かなかったですから。というのは、河本派の中では坂本さんのほうが（海部さんより）格が上だったんです。だから、坂本さんが内閣にきたときに、『海部君、海部君』といっているわけです。そうなると、総理のほうも官房長官は、けむたいわけです。派閥の中で自分より上だった人だから。ただ、官房長官としてきている以上は……。だから、政府与党首脳会議などのときはもちろん一緒になりますけれども、それ以外は、坂本さんは、あまり総理のところに行かなかった。用があれば、向こうからきたらいいだろうぐらいな感じなんですから。

そうすると官房副長官は、年がら年中総理のところに行かないといけない。直接、総理が何を考えているか、総理の意向を承っておかないといけないし。こっちからも申し上げておかなければいけないというのはしょっちゅうですから。私はですから、海部内閣のときは本当によく総理室へ行っていました」

では、官房副長官自らが調整を手がける課題にどのようなものがあったか。石原の回顧によれば、対内的には竹下内閣の各省庁一機関地方移転、対外的には海部内閣のPKO法制定などが事例としてあげられる。

前者は総論賛成各論反対で、案の定、各省の抵抗が強かったため、石原は各省次官と膝詰め談判で引導を渡したと言う。それでも出先機関は成功したものの、各省OBをかかえる特殊法人はうまくいかなかった。石原は次のように述べている。

「私は、恨みっこなしで全部を地方に出したらいいじゃないかという主張なんですけど、まず大蔵省が輸銀・開銀は地方に行ったんじゃ仕事にならないというわけです。そこで輸銀・開銀がだめだとなると、あとは、農林漁業金融公庫もだめだ、農中もだめだ、JICAもだめ、そうなると自治省だって、公営企業金融公庫もだめという話になっちゃって、金融関係の特殊法人は、日本銀行が東京にある限り地方はだめというような話で、正直言いまして、十分な成果が上がらなかったですね」

後者のＰＫＯ協力法については、外務省専管にせず官邸で引き受けて成功したと石原は述懐する。枠組み作りは外務省だが、中身の実働部隊は全部防衛庁所管だから、官邸が直接のまとめ役にならぬ限り折り合いはつかなかったのだ。栗山尚一外務次官、依田智治防衛次官と石原の三人で基本的枠組みについて、ようやく妥協点を見出したという。

このように各省の枠を超える問題の調整をはかるにあたって、各省次官と丁々発止とやり合うわけだから、官房副長官は事務次官経験者でなければ到底務まらぬことになろう。もっとも各省庁間の枠を超える問題が、質量ともに増えたのは、そうそう古い話ではない。同時にそれについて官房副長官に調整が委ねられるようになったのも、この四半世紀のことである。田中内閣時の後藤田副長官の登場がその画期であり、それ以後国際化が進むにつれ、各省の枠にはまらぬ問題が飛躍的に増加していった。

歴代官房副長官のプロフィール

では官房副長官は、いかなる歴史的系譜をたどって今日に至ったのだろうか。五五年体制下の官房副長官について検討しておこう。五五年体制成立後最初の副長官は、鳩山内閣で起用された田中栄一である。内務省出身の田中は戦後長く警視総監を務めたが、経済統制畑（地方局系）であった。

戦後は公安警察畑（警保局系）が追放されたため、警察の主流は地方局系で占められたのである。吉田内閣以来、やはり世上騒然たる感もあり、この時期の内閣としては、公安情報の入手が最優先の課題であった。したがって副長官には警察出身者があてられたわけである。

しかし続く岸内閣は、官房副長官のみならず内閣官房全体の機能について試行錯誤を繰り返した。三年余の在任中、一年ごとに首のすげかえを行なったことに、それは明らかである。まず愛知揆一長官・田中龍夫副長官・岡崎英城副長官という最初の布陣で驚くのは、副長官が二人とも政務で事務を置かなかったことだ。

この人事で最も注目に値するのは、戦前警視庁特高部長を務め戦後追放された後、代議士として復活した岡崎の副長官への起用である。追放にさえあわなければ、岡崎こそ警保局系の主流を歩んだはずであった。岸首相の戦前派的な感覚を如実に示す人事とは言えまいか。

こうして政務でありながら事務の役割をも期待された岡崎は一年後、鈴木俊一と交代する。赤城宗徳長官に、政務は元外務次官・松本俊一、事務は自治庁次官・鈴木俊一を配する体制は、穏健な組み合わせと言える。一九四九（昭和二十四）年以来、ほぼ十年を経験した戦後官僚制の一応の安定に鑑みた人事であった。同じく内務省出身とはいえ、岡崎とは異なり生粋の地方局育ちで警察とは無縁の鈴木の事務への起用は、内閣官房のあり方を考える上でドラスティックな転換である。しかも鈴木は一九五〇年以来地方自治庁次長、自治庁次長、そして自治庁次官と、名称の変更と規模の拡大こそあれ、一貫して事務次官会議の出席者だったのである。

だがこの体制で、岸首相は自ら安保改定の前哨戦と位置づけた警職法改正に失敗する。そこで鈴木が東京都副知事に転ずるのを契機に、一年後再度体制の一新をはかる。椎名悦三郎長官に、政務は松本俊一（留任）、事務は当時代議士落選中の小笠公韶の布陣である。椎名、小笠両氏ともに商工省時代以来の岸人脈であることから、これは明らかに安保改定シフトであることがわかる。

このように岸内閣時代の内閣官房は、岸首相の政治的目標達成のために、頻繁に人事の入れ替えが行なわれたのであった。しかし結果としてみると、必ずしも岸首相の思惑通りに内閣官房が機能したとは言えなかった。

池田内閣期は、池田首相はもとより大平正芳、黒金泰美と続く歴代の官房長官も池田直系の官僚出身者で占めた。したがって政務・事務ともに官房副長官は文字通り官房長官の補佐役としての地位に止められた。そもそも第一次池田内閣では、副長官は政務二人が起用されている。小川平二が事務方のまとめ役だったのであろう。

続く細谷喜一、石岡実両氏は二人とも戦前の内務省警保局系の出身で、細谷は香川県警察部長、石岡は警保局特高課長の経歴を持つ。追放解除後、細谷は民間からいきなり副長官に、石岡は九州管区警察局長から官房入りし、内閣調査室長を経て、副長官に昇格した。

さらに石岡は佐藤内閣にも留任し、在任期間は石原信雄に次ぐ六年の長期にわたっている。このような池田・佐藤両内閣における公安出身者の副長官への起用は、やはり七〇年安保を見すえてのことであった。

こうして副長官が公安情報専務とされたため、政策に関する事項は内閣官房において、共にマスコミ出身の伊東昌哉（池田首相秘書官）、楠田実（佐藤首相秘書官）の両氏が相次いで専ら担うことになった。

またこの間、一九六六（昭和四十一）年には内閣官房長官が国務大臣に昇格したため、政務の副長官にも首相派閥の若手の有望株があてられることが慣習化していく。もちろん佐藤内閣の官房長官にも、いずれ劣らぬ実力者が就任している。とりわけ保利茂長官―木村俊夫副長官（大物である保利のために木村が長官より降格した人事）の時代が制度的には最も安定していたと言えるのではないか。

七〇年安保乗り切りを象徴するかのように、一九七〇（昭和四十五）年一月、副長官は石岡実から小池欣一にかわる。小池は厚生省の出身であり、本省課長から官房入りし、長く官房総務課長及び首席参事官を務めている。この佐藤内閣末期の副長官人事は、もはや公安情報の元締役たる要件が必ずしも必要なくなったことと、同時に事務次官会議の運営など内閣官房の実務を知悉《ちしつ》している人材が必要になったことを意味している。

すでに述べたように、田中内閣と後藤田正晴の官房副長官就任は、内閣官房の機能を画期的に変えていく。田中首相は、これまでの大蔵大臣や通産大臣の経験からいって、官僚制を従来の枠を超えて縦横に機能させるために、知恵と力を集中する拠点を必要とした。それこそが他ならぬ内閣官房であり、中心には官僚中の官僚をすえねばならなかった。戦後警察の主流であって自治省にも顔がきき、さらに前警察庁長官として他の事務次官とも堂々とわたりあえる後藤田は、その意味で田中首相がイメージした副長官にぴったりとあてはまる人物であった。

副長官として後藤田は各省の枠を超えた問題解決の方法をとった。たとえば日本列島改造論が華やかなりしなかにあって、後藤田は各省局長クラスを集めて各省横断的な「後藤田マシーン」と称する政策勉強会を開いている。ここでの土地問題の検討の成果が、やがて田中内閣による国土利用計画法案上程の動きとなって具体化していった。

このように事務方の副長官として各省横断型問題解決の手法を模索する中で、後藤田は政界転出のため川島広守と交代する。川島は警察畑で後藤田の後輩にあたり、警察庁警務局長から官房入りし、内閣調査室長の任にあった。基本的に後藤田の路線を引き継いだ川島は、三木内閣でも留任している。

その後ロッキード問題が喧しくなった一九七六(昭和五十一)年五月、三木首相はようやく自前の副長官の起用にこぎつける。内務省出身で戦後厚生省に移り厚生事務次官から、さらに環境庁の初代事務次官を務めた梅本純正である。三木首相にとっては、田中内閣の環境庁長官時代以来の仲であった。

総じて三角大(鈴)福中の時代は、それまでとは異なり、官房副長官の任期は内閣の任期と軌を一にすることになった。また後藤田以来ほぼ事務次官経験者のポストとして固まり、さらに梅本以来、警察庁以外の旧内務省系の次官経験者の起用が不文律となった。福田内閣の道正邦彦(労働次官)、大平・鈴木内閣の翁久次郎(厚生次官)、中曽根内閣の藤森昭一(厚生省課長・環境庁次官)、いずれもその例にもれない。しかも翁、藤森両氏は、内閣官房への出向期間が長く、その時代に、後藤田の薫陶をうけている。

周知のように中曽根内閣は異例にも、次期内閣の骨格を決めて余力をもって退陣した。竹下登を首相、安倍晋太郎を幹事長、宮澤喜一を副総理兼蔵相として指名。石原の証言によれば、中曽根首相−後藤田官房長官のこれまた指名により、自治事務次官経験者としては岸内閣の鈴木俊一以来、久方ぶりの官房副長官となった。

石原信雄の経歴

そこで次に石原のキャリアに即して官房副長官までの道を明らかにしよう。石原は東大法学部の学生時代から「官」一筋と思いを定めていたわけではない。石原が卒業したのは一九五二(昭和二十七)年、朝鮮戦争の特需後の不景気の時代にあたり、厳しい就職状況下であった。石原は次のように当時を回顧する。

「ふつうの学生と同じように、なるべく月給の高いところに入りたいと思って就職活動をしていました。当時は繊維関係がよかったんですね。いちばん月給の高かった企業は倉敷レーヨン、月給が一万二〇〇〇円。その次が三井鉱山。そんなところがトップクラスで、あとは財閥系企業がよかった。しかし、私は学校の成績がよくなかったですから、あっちこっち試験を受けたけれども全部、ダメでしたね。で、公務員試験を受け、そっちが受かっていたので、公務員になったんです」

民間企業がダメだったから公務員へということだ。だが、民間－大企業に縁がなかったのには、面接における石原の態度も影響していたようだ。当時、就職の面接において学生は、必ず二つの踏み絵をつきつけられた。石原の場合は、みごとに二つとも踏みはずしたのだ。

一つは共産党の非合法化に対する賛否であった。

「私は別に共産党のシンパでもなんでもないけど、ただ憲法の条文を読むと、それは無理じゃないか……大体そう答えたら『ダメだよ』と言われてしまった」

もう一つは安保隊と再軍備についてであった。

「私は学校で習った通り、それは憲法九条からみてとても許されないと、堂々と再軍備はいけないと答えたんです。それですぐ『結構です』と断わられました」

というような有様だったらしい。このように新憲法の解釈に忠実だった石原は、民間をはねられ、公務員しか行き場がなくなったのである。ではどうして自治省の前身である地方自治庁に決まったのか。

当時、戦前の内務省は解体されてバラバラになっていた。とりわけ警保局とならんで戦前の内務省の中核だった地方局は、地方自治庁と地方財政委員会と全国選挙管理委員会の三つに分割されていた。当時、その三部署は、国家公務員試験合格者に、もう一つ、地方公務員幹部候補者試験を課し、共同採用の形をとっていた。なぜこんな二重の手間をかけたのか。

「バラバラになった各セクションが、日本が独立を回復したら内務省を復活しようという気持ちを持っていたんです。その中心になって動いていたのが、都知事だった鈴木俊一さん、読売新聞に行かれた小林与三次さん、文部大臣をされた奥野誠亮さん。内務省解体当時の若手、中堅だった人たちです」

石原によれば、彼らの内務省復活への夢がもう一つの試験に託されていたのだ。

「内務省は戦前から地方との交流を主にした役所なんです。そこで将来の内務省の幹部要員をとりあえず地方公務員の幹部として採用しておこうと。そういうねらいがあったと思うんですよ」

石原はその試験を回顧して、「戦前の高等文官試験の行政科のような科目でした。要するに○×じゃダメだというんで、論文試験で、結構むずかしかった。私は大学の成績はあんまりよくなかったけれども、旧内務省関係の共同採用試験はよくできた」と語る。

その石原に最終的決断を促したのは、旧制第二高等学校の先輩で大蔵官僚を務めた愛知揆一代議士のアドバイスであった。

「愛知先生は内務省が復活すると思っていたんでしょうね。内務省がいいよというわけです。それで、そのうち地方財政が非常に重要になる。これがいちばん問題なんだよと話をしていました。学生諸君はみんな大蔵省へきたがるけれど、大蔵省は軌道に乗っていて、決まった軌道を走るだけで面白味がない。ところが地方財政はこれから制度を作っていかなければいかんところだから、地方財政がいちばんやりがいがある、大変熱心に言われまして、結局愛知先生の言葉が最終的な決め手になり、地方自治庁に行くことに決めたんです」

やがて自治庁で地方財政のプロとして頭角を現わすことになる石原にとって、愛知揆一のすすめはまことに運命的だったと言ってよい。

幹部要員としての石原の仕事は、まず茨城県庁で始まった。といっても県の仕事ではなく、当時全国知事会で地方制度改革素案の作成の中心にあった友末洋治知事の秘書官的役まわりを担ったと言う。税制・財政など地方制度一般の調査のため、石原氏は大蔵省の高木文雄、渡辺喜久造、正司啓次郎ら主計局の各氏、それに田中二郎東京大学教授のところなどによく顔を出していたと言う。

「ふつうのかけ出しの役人としては、大変恵まれた勉強の機会を与えられたわけです。役所の関係者、学者関係、相当幅広く意見を聞いてまわったものだから顔を知ってもらって、あとになってそれが随分役に立ちましたね」

実務を通じて付き合いの幅を広げることは、たしかに重要である。言うまでもなく石原が自治省の、ひいては内閣官房のキーパーソンになるためのそれは必要条件でもあった。

自治官僚としての石原

最初の地方勤務を終えた石原は、一九五三（昭和二十八）年自治庁財政課に戻り、ここで占領後の制度改革をめぐって課長だった奥野誠亮の薫陶を受ける。占領下の制度の見直しを、土日もなく二十四時間態勢で役所の近くに泊まりこんでの文字通り「すさまじい生活」であったらしい。財政課で三年間鍛えられた石原は鹿児島県の課長職として再度地方勤務となる。そして、六〇年安保の真っただ中、一九六〇（昭和三十五）年六月に自治省に復帰する。安保についての石原の実感は次のようなものだ。

「私はいわゆるノンポリですから、いいの悪いのという考えはありませんでした。ただ私も行政府にいた人間ですから、安保条約をやめるわけにはいかんのじゃないかという感じを持ってはいました。しかし役所の窓の下を通ってワーワーやっている人に反感はなかったですね。『ああ、ご苦労さんなことだなあ』というぐらいの、そんな程度の……。行って応援するほどの気持ちはもちろんありませんでしたが」

こうした石原の安保観には、四年間の鹿児島県勤務が大きな影響を与えていた。

「鹿児島は後進県としての貧しさが切実でしたから、早く、東京や大阪のような繁栄した団体に追いつきたいという考えが切実でした。県議会の議論でも、安保の議論はほとんどなかったですよ。県議会では財政論議ばかりでしたね」

石原の帰任と同時に自治庁は自治省に昇格。諸先輩念願の内務省復活への一つの道標となった。石原にとってそれは何よりも「一人前でない役所の悲哀」からの解放にほかならない。外局の自治庁であるかぎり、極端な話、いかなる案件も、総理府の役人が納得しないかぎりハンコを押してはくれなかったからである。「自治省設置法が通っていちばん先に考えたのは、一つの省になれたうれしさよりも、あの総理府令の厄介な説明から解放されたことのほうがはるかにうれしかったです」という、体験に根ざした発言になる。

自治省に戻った石原は財政課課長補佐となる。在任期間実に八年。仕えた課長は五人。いまだにこの記録は破られていない。このときの最大の問題が、一九六六(昭和四十一)年の地方財政制度の改革論議だった。国の財政と地方財政との整合性を主張した自治省の中心にいた石原は、その過程で田中角栄蔵相から福田赳夫蔵相への大蔵行政の転換の機微を経験し、村上孝太郎、谷村裕、鳩威一郎ら主計局育ちの各氏と柴田護財政局長の論争をフォローしていく。

地方財政をメルクマールとしながら、各省とりわけ大蔵省との調整役としての石原の本領が発揮されるのは、この頃からである。だから一九六七(昭和四十二)年岡山県に部長職で四年間三度目の地方出向に転じた後、本省課長ポスト二つを経て、一九七三（昭和四十八）年には財政課長としてカムバック。オイルショック時の地方財政に対応して一九七六（昭和五十一）年には財政担当審議官となる。ここでも課長三年審議官三年計六年である。先の課長補佐時代と合わせれば合計十三年の財政課勤務ということになる。これはやはり本来ゼネラリストとして養成されるはずのキャリア官僚としては、異例の事態ではないのだろうか。

「そうですね。私のように財政に長くいた者はいませんね。財政課長補佐は普通三年ぐらいじゃないでしょうか、私がもうそろそろ代わるような話が出てくる頃になると、課長が代わっちゃったんですよ。新しい課長は自分が慣れるまではいろという話で、それでもういいだろうという頃になるとまた課長が……」

このパターンは、内閣官房副長官在職七年余という、のちの記録保持の例によく似ている。石原自身「まったく内閣と同じですよ」と述べているのだから。同時に「財政課は大蔵省や各省とのつばぜり合いになることが多かったですからね。そのときに慣れた課長補佐がいたほうがいいということで置かれたんでしょうね」ということにもなる。

ともあれ、地方財政を軸に大蔵省をはじめ各省との調整役を十三年務めたことは、人を知るという意味に加えて、他省庁との調整の機微を知るという意味において、内閣官房副長官への二つめの必要条件を満たしたと言えるだろう。

さらに一九七九（昭和五十四）年税務局長になった石原は、森岡次官の急死により官房長に転ずる。これは石原にとっても意外な人事だった。

「私は官房の仕事をあのとき初めてやったわけですから。私はだいたい野戦部隊のほうばかりで参謀本部の仕事はあんまりやったことがないんです」とこのときのことを語る。

もっとも石原は、財政畑が長かったためか、地方との人事交流や予算獲得という官房長に固有の職務に苦労することはなかったらしい。むしろ日のあたる財政局に対する他局のやっかみを客観的に理解でき、人事面と予算面における各局間のバランスへの配慮をなしえたことが、官房長経験によって得られたプラス面であった。そしてこれがまた三つめの官房副長官への必要条件を形成したことは疑いえない。

中曽根行革の下で自治省花形の財政局長を務め、まもなく、官僚人生としてはあがりである自治事務次官に登りつめる。同郷群馬県の先輩であり内務省の先輩でもあった中曽根康弘首相は、さまざまな問題で直接、石原に指示を与えたという。こうして中曽根－後藤田ラインにその存在を知られたことが、官房副長官への十分条件となったことは言うまでもない。

拡大する官房副長官の権限

石原の官房副長官就任は、満を持してのことにほかならなかった。自治省財政畑であれだけ長く他省庁との調整に骨を折った経歴は、歴代官房副長官の重要なキャリアパスの一つとも言える内閣官房への出向経験がないことを、補って余りあったに違いない。

そしてまた石原が自ら述べるように、最強の基盤を持った竹下内閣の官房副長官としてスタートを切ったのは、何よりの幸運であった。当時官房長官が三人いると揶揄されたように、竹下(首相)、小渕(長官)、小沢(副長官)は、完全に与野党含めた国会ルート、官僚ルートを掌握していた。「政」の優位の確立である。したがって石原はごくかぎられた範囲の縦割りの調整と、消費税問題をめぐるマスコミ対策、昭和天皇崩御にまつわる諸問題への対応など、本来「官」が処理すべき領域に自らの役割を極小化することができた。その上でやがて竹下首相の指示待ちにとどまることなく、一歩先を少しずつ読みこんで行動するようになる。

これですべてが順調に行けば、中曽根内閣の藤森昭一官房副長官と同じように、大過なく「官」のトップ役を果たし終えるはずであった。だが好事魔多し。リクルート・スキャンダルが燎原《りょうげん》の火のごとく燃え広がると、これはいかに官邸が頑張ってもどうにもならない。官邸はまるごと世間に対する適応不全を起こし、「政」が自壊する形で竹下内閣の幕は下りたと言ってよい。

続く宇野内閣は、党内基盤の問題などが話題になる以前に、成立当初からピンク・スキャンダルにまみれてしまった。その面では石原は竹下内閣の末期同様、やはり適切な対応をなしえなかった。ただし竹下首相とは異なり、宇野首相個人があまりにも「政」の内外で孤立してしまったがために、逆に官邸内部では官房副長官がリードできる余地が生まれた。選挙での出番を作るというささやかな行為が、首相あっての官房副長官からの微妙な変化の片鱗と見ることができよう。

これが宇野首相と同じく派閥の領袖でない海部首相となると、否応なく官邸とりわけ官房副長官の重みが増していく。とりわけ海部内閣では、日米構造協議、湾岸戦争、ＰＫＯ協力法案と次から次へと対外関係の案件の処理が出てくる。外圧あり危機管理ありということになれば、「官」が従来から蓄積してきたノウハウはまったく通用せず、一挙に〝荒技〟が必要とされる事態に陥る。

ここで海部内閣下の官邸は、党側の小沢幹事長の指導力を背景に、急速にせり上がっていく。すなわち、竹下内閣のように伝統的に国内問題の調整と処理に長けていた石原自身が、急速に国際問題に関する国内的な調整能力を発揮することになるのだ。

まずは日米構造協議という形で、次いで湾岸戦争という形で、アメリカの外圧が日本の縦割りの「官」そのものの処理能力を問う事態を一挙に引き起こしたことが、逆説的にせよ官邸の対応を容易にした。続々と決断を迫られる案件は、各省ではこなし切れず、官邸以外に引き取り手がないのだ。かくて官房副長官の守備範囲も必然的に肥大化せざるをえない。自民党（小沢一郎幹事長）と内閣（橋本龍太郎蔵相）という「政」が、官邸の「官」の領域の拡大を促しつつ、懸案処理をはかるわけである。

結果として、熟慮が絶対に許されない緊急事態の陸続たる発生が、官邸主導の政策決定を現実化していった。しかし「官」はまたその限界をもよく心得るだけの理性を見失わないのに対し、「政」は時として錯覚に陥る。官邸の主人たる海部首相が文字通り自らのリーダーシップを過信して「政治改革」と心中してしまったのはその意味で象徴的である。

宮澤内閣はＰＫＯ協力法案の国内処理に見事に成功する。ここでは石原自らが自民党を助けて野党対策に走りまわっていることがうかがえる。本命総理を迎えて本来ならば官房副長官のテリトリーは再度縮小の方向に向かうはずだったに相違ない。しかし党務・閥務をもっとも苦手とする首相だけに、竹下内閣当時まで後退することは石原にしてもとうてい想定できなかったであろう。

このように官房副長官と官邸とはせり上がったまま、石原は余人をもって代え難しとの殺し文句に殉ずる形で、官房副長官の職にますます精励することになった。

「政」への冷静な目

こうして官邸と官房副長官は、「政」と「官」の挟間にあって、次第に現実の政策決定にかなりの影響力を持つようになる。統治という舞台の上で、官邸がせり上がっていかざるをえないのは、やはり国際化の進行によるところで、縦割りの各省庁では解決できない新しい政策課題が増えたためである。海部内閣の日米構造協議、湾岸戦争、そして宮澤内閣に引き継がれたＰＫＯ協力法、ウルグアイ・ラウンド、天皇の訪中問題と続く。

ウルグアイ・ラウンドは農林水産省、訪中問題は外務省の担当とは言いながら、いずれも宮澤首相の決断なしには動かない。それにたとえ宮澤首相が決断したとしても、中曽根元首相のようなリーダーシップや竹下元首相のような安定した党内基盤を欠いている以上、官邸が宮澤を実質的にサポートする状況は増えたと言えよう。また竹下内閣以来四年を超えた官房副長官としての石原の在任期間と、豊富な経験による重みとが相俟って、宮澤首相をしてしばしば石原の意見を尋ね、協力を要請する場面が出てきた。

そんな宮澤首相に対して、石原は好印象を持っている。永田町の風土には馴染みにくいが、言葉のセンス、身につけた教養などで卓越していると評する。日米包括経済協議に臨むクリントン大統領に、宮澤首相がクリントンよりもオーソドックスな英語で「数値目標」の非なることを諄々と説いてきかせるシーンに、何よりも首相としての風格を感じたというエピソードは、実に興味深い。

しかし「風格ある」宮澤首相は、国内問題——政治改革法案で海部内閣と同じくまたしても足をすくわれる。この点に関する宮澤首相と梶山幹事長の微妙な協調関係について、石原の証言は言い得て妙であろう。実のところ宮澤首相はまったく主導権を発揮できなかったし、またその気も十分にはなかったようなのだ。

それと同時に不信任案提出に見られるように、いったん政治化した状況になると、事務官は官房副長官を筆頭に、政治から行政を遮断するために総退却を開始する。「我々は事務方ですから政治の場には一切入りません。これは鉄則ですから」という石原のきっぱりとした言い方は象徴的だ。あたかも「政」からの延焼を防ぐために、シャッターを勢いよく下ろすような趣がある。

そう言えば、海部内閣の市場開放問題に関する石原の証言にも同様のことがうかがえる。海部首相の解散決意に基づいての具体的準備と、閣僚の賛否の票読みまでは協力するものの、賛成者が圧倒的に少ないことが明らかになった段階で、「官」はそれ以上には絶対に踏みこまない。「もうダメだなと思ったら、スーッとこう、何となく総理の退陣の流れになったんですね」との石原の言は、その意味でまことに至言である。

宮澤内閣ではどうであったか。不信任即解散という宮澤首相の胸中をすぐさま読みとった石原は、迷わず解散の準備に入る。自民党離党によるさきがけ、新生党の結成という政治状況をあくまでも横目でにらみながら、事務方は「官」としての立場に徹して選挙に臨むわけである。したがって自民党の比較第一党という選挙結果を受けて、石原がなお宮澤内閣が続くと思いこんでいたとしても、何ら不思議ではない。いずれにせよ官房副長官はたとえ願望的思考であれ、相当程度最終段階に達するまでは、現政権が少しでも長く続く見通しを常にもって行動することになる。

非自民連立政権の下で

では非自民政権、細川内閣の誕生に際して、石原はなぜ官房副長官に留任したのであろうか。石原の語るところを仔細に読むと、その理由はひとえに人間関係と政治改革法案の成否にあったことがわかる。

自治省時代を通じて、石原は細川首相や武村官房長官と旧知の仲であった。しかも非自民政権の八党派を結びつけている絆は、まさに政治改革法案の成立にほかならない。だとすれば、政治改革法案が二度までも挫折の憂き目にあった経緯を最もよく知っている人物の起用が、ことの成否のポイントになろう。そのためのキーパーソンと言えば、石原をおいてほかに誰がいようか。

このように政権交代という政治状況が続く中で、「政」と「官」の機微がわかる統治のプロフェッショナルが石原の説得に動くことになる。後藤田正晴の登場だ。そこで後藤田のみならず宮澤前首相にまで〝やむをえざる留任〟を説得されてしまった石原は、もっぱら政治改革法案成立までの含みでの留任と述懐している。

しかしことの真相の理解のためには今少し深層にまで分析のメスを入れる必要があろう。すなわち少しでも政治の実相がわかる人であれば誰もが、非自民政権の成立により「政」と「官」との関係が従来通りでなくなることを予想し、危惧したに違いない。

「政」が「官」に不当に介入する。あるいは逆に「官」が「政」を自らの言いなりにコントロールする。事実どちらについても、政権発足後日いまだ浅いうちに具体的な形をとって現実に起こったことは、記憶に新しい。そして今なおそれらの後遺症に悩まされているのが現状とは言えまいか。

もっともこの時点では「政」と「官」の間でいかなる衝突が生ずるかはわからなかった。しかしそれをできれば未然に防ぎ、そうでなくとも可能な限り深刻化させないで解決するためには、官邸が強力な政治指導を発揮せねばならない。そのためには、官邸の中においてさえ従来よりは「政」よりも「官」の力が増大していかざるをえまい。ある意味で、「官」のリードを許す余地を残さなくてはならないのである。

石原官房副長官に対して、「政」と「官」の機微を知る統治のプロフェッショナルが期待したのは、このような高度に政治的配慮を必要とする役割を石原が充分に理解したうえで果たすことにほかならなかった。他方、石原はと言えば、政治改革法案に象徴される政治・行政あらゆる面の〝改革〟に自らの立場を重ね合わせることによって、渋々ないしいやいやではなく、むしろ積極的に細川内閣の運営に携わっていくことになる。事実、羽田外相以外誰一人として閣僚経験者がいないという前代未聞の状況の中で、石原は今日明日の日常業務からすべてをリードしなければならなかった。「内閣の運営をどうするかをご存じの方は一人もいないわけです」と石原自ら述べるような状態なのだから、〝門前の小僧〟よろしく官房副長官は格別意識せずともフル回転を余儀なくされたのである。

その過程で石原は早くも閣僚選考の段階で、相談を受け意見を具申している。これまでには、まったくありえなかった事態だ。かくて一定の距離を保ちながら、現政権をサポートする立場から、

「官」が「政」をリードする場面が生まれることになる。

だが同時にまた官邸の中に「政」による「官」への介入ともいうべき事態も起こる。細川首相による田中秀征首相補佐と成田憲彦政務担当秘書官の起用による軋轢である。細川首相は定員と予算という「官」の常識をまったく無視して、首相補佐という新ポストと二人目の政務担当秘書官の設置が自らの権限において可能であると考えたらしい。「一国の総理が一人の補佐官も任命できないんですか……」「一人くらい何とかならないんですか」とたたみかける細川首相の言には、彼の「政」と「官」のイメージがよく表われていると言えよう。

結局成田の場合は、総理府の定員を借りてとりあえず内閣調査官に任命する[❖7]ことで、田中の場合は、法的には、無権限の政治家を事実上官邸に常駐させるという形で、石原は解決する。硬軟両様で、いずれも「官」がよく使う手段とも言えよう。

だが石原が語っているように、細川首相木戸御免の無権限者田中は、「政」の立場から官邸がリードする内政外交の案件にかなり明確な影響を与えている。その結果、たとえば国連の常任理事国入りに関する積極的な意見表明の演説で、外務省と田中補佐の対立を収束するために、石原が用意したのが例の一句となった。

すなわち、「多くの国が望むならば」という条件の一句を付したことで、国内マスコミの一部から非難も随分うけたが、これに田中とて決して満足はしていなかったことがわかる。

田中以上に明らかに「政」が「官」に介入した事例が、通産省の内藤正久局長を熊谷弘大臣が更迭しようとした事件である。この件に関しても、当初石原はかなり強く疑問を呈したらしい。最終的には内藤局長自らがやめて一件落着となってしまったため、閣議了解をとるための理由づけが何であったのかわからずじまいであるが。

分をわきまえる「官」

官邸がリードする領域が拡大したとはいえ、石原官房副長官が深くはタッチできなかった政策課題が二つある。第一は政治改革法案をめぐる最終段階での政治的妥協であり、第二は国民福祉税の提案と撤回である。二件とも石原の回顧を詳しくたどっていくと、小沢一郎代表幹事と武村正義官房長官との対立の顕在化に、実は端を発している。石原にすれば、小沢は竹下・海部内閣以来、武村は自治省以来の旧知の仲であり、二人の政治手法についてもよくわきまえている。普通に考えても、与党の幹事長と内閣の官房長官が正面を切って対立するようになれば、およそものごとは進まなくなろう。

「この内閣を維持していくうえで、官房長官と代表幹事は頻繁に会って意見交換をすべきではないかと思っていましたし、そういったことを私は官房長官にも申し上げていました」と石原が述懐するくらい、小沢と武村はお互いに会っていなかったのである。そのことを裏からいうと、おそらくは石原がかろうじて代表幹事と官房長官との鎹《かすがい》の役割を果たしていたのではないか。二つの「政」の対立を官邸の「官」が、できる限りつないだという点で、石原は当初「政」と「官」の機微を知るプロから期待された役割を着実に果たすことになったに相違ない。

結局、小沢・武村両氏とも政治改革法案の成立には賛成だったため、細川・河野会談での妥協成立にいたる。石原は振り返って「あの大胆な妥協は、総理なり小沢さんの決断があったんじゃないでしょうか。……その劇的な妥協は、ほとんど自民党案に近い形で飲んじゃったわけです」と語る。しかし同時に「あれは少なくとも、官邸というか行政のレベルは超えたものです。完全に政党次元で妥協したということです」と言い切る。どこまでいっても、やはり究極の決断のところで、「官」には「官」の分をわきまえる一線があるということだ。

その究極の一線を超え、「官」が「政」をコントロールしようとしたのが、国民福祉税問題ではなかったのか。「官」は「官」でも、これは官邸が入りこむすきがない文字通り大蔵省の一人芝居だった。そもそも武村官房長官が明確に反対である以上、官邸は積極的には動けない。したがって石原も自ら調整にのりだしたことはないと述べている。

とはいうものの海部内閣の九十億ドル拠出決定の経緯を知る石原には、これは湾岸の再来に思えた。小沢、公明・民社、大蔵省ラインとくれば、Uses of History（歴史の活用）の格好の事例と言ってよかろう（R・ニュースタット、E・メイ『ハーバード流歴史活用法』三嶺書房、一九九六年）。結局は石原の言をひくまでもなく、武村、社会・さきがけの反対をあまりにも過小評価したために、彼らは墓穴を掘ることになった。したがって本件は、Uses of Historyの失敗事例である。

対外関係と危機管理

対外関係と危機管理の問題は、いかに処理されたか。細川内閣から羽田内閣にかけて緊迫化した北朝鮮の核査察の問題は、わけても重要であった。現実に海上封鎖が生じた場合、憲法の制約の下で日米安全保障条約をいかに運用するか、具体的には何も詰められていない状況であった。湾岸戦争の危機があってなお、こういう問題を考える発想も組織もないのである。その意味でこの時期に、石原が防衛庁や外務省に議論の必要性を示唆したのはまことにスリリングであった。おそらく、非自民の改革政権という背景と、石原が長年にわたり培ってきた信頼感の二つがあってはじめて、「所管の省庁への注意の喚起」という形で、危機管理の具体的方策を検討させることができたに相違ない。特に細川内閣では社会党が政権の一翼を担っていたわけであり、湾岸戦争以来の小沢代表幹事がいるとはいえ、相当きわどい決断であったろうことは容易に想像がつく。

その際、石原が言葉を選んで慎重に証言しているように、「政」と「官」を、そして「官」と「官」をつなぐ官房副長官のサジ加減が最も重要になってくる。そこで官房副長官の判断の基礎となるのが、中曽根内閣時代に官邸強化の一環として設けられた「合同情報会議」に他ならない。各省が様々な筋から仕入れた情報を持ち寄って、この会議の場において相互に交換する。石原は次のように語っている。

「情報をお互いに報告してもらって、それでいまの事態がどこら辺にあるか、何が問題かを判断する。これが事務の官房副長官の仕事なわけです。副長官は、それぞれがもってきた情報を全部聞いたうえで政府としてなんらかの対応が必要であれば、これは官房長官と総理大臣に報告し、状況によっては内閣安全保障会議を招集する。そういう流れになるわけです」

まさに官房副長官に熟慮断行が必要とされる場面ではないか。「政」に報告して指示を仰いで正式に対応するのか、それとも「官」に非公式に議論を続行させるのか、いやまったく何もしないのか……。こうした官房長官の決断と行動を、ともするとスパイ映画もどきにおどろおどろしいもののように描写したがる向きもないわけではない。しかし石原のインタビューから浮かび上がってくるのは、むしろ慎重な上にも慎重な手続きを踏み、「政」と「官」の関係をできる限り明確にし、「官」の独走を抑制するタイプの指導のあり方に他ならない。それでも国家の安全のために、官邸が積極的に関与せざるをえない課題であることも確かなのである。

さて「政」と「官」の連携プレーで見事に成功した事例として石原自らが積極的評価を与えるのが、細川内閣におけるウルグアイ・ラウンド交渉の妥結である。石原はここでも改革派としての細川首相の姿勢が、コメ問題については宮澤前首相よりも柔軟であったと振り返る。その点に関してはむろん小沢代表幹事も同様であり、この時期以後細川・小沢両氏と何かと対立する武村官房長官も「止むなし」という形で、ギリギリ許容範囲内にいたようだ。

反対派の多い自民党が野党にまわったものの、従来は農水省の態度がこれに連動して硬かった。その上、今回は自民党よりも強硬な反対派を抱える社会党が政権与党になっていたのだから、そう簡単に片付くゲームでなかったことは言うまでもない。

こうした中で石原は細川首相の意を体しながら、官邸主導でウルグアイ・ラウンド妥結への道を模索していく。その過程で石原が第一に評価するのは、省益論ではなく大局論に農水省の舵取りを変えた京谷昭夫次官の存在である。

「最後は人です」と述懐する石原の言は重い。人と言えば強硬反対派の社会党をやはり大局論に変えたのも、村山富市委員長と久保亘書記長のコンビであった。深夜の社会党中央執行委員会の議論と締切り時間のサバ読みのエピソードは、すべてを見通した上で「泣くまで待とうホトトギス」といった観の余裕ある官邸の態度を想起せずにはおれない。

結果的にはこれは官邸主導下のパーフェクト・ゲームだったのであろう。石原が「ウルグアイ・ラウンド交渉の妥結は、これは政と官が一体となって動いた話ですからね。あのときは私も嬉しかったし、感無量でした」と手放しの所以である。しかし、対外問題は途切れることなく続く。次は細川－クリントン会談で争点化した政府調達の問題である。どうやら石原は、海部・宮澤内閣以来たび重なる対外問題処理の経験を積むことにより、細川内閣の時代に、官邸主導の型を生み出したと言ってよい。このケースはまさにそれに当たる。

対外問題が対内問題（各省省益問題）にすぐ転ずる限りにおいて、常に外務省ではなく官邸が出馬する。「政府調達について各省を説得しようとしたら、外務省の説得ではダメなんですよ。各省みんな反発しちゃうんです」と述べる石原。なにゆえか。外務省は対内問題については不勉強で認識不足との不信感が各省に根強くあるからだと言う。外務省と建設省を督励しながら、日米両国の落とし所を探っていく石原の姿を彷彿とさせるものがある。

そこでも石原は、建設省の伴襄次官の態度を評価する。先の農林次官と同じく建設次官もまた大局派だったからである。「事務次官を務めるほどの者は、そこの見極めがつく人じゃないといかんと思いますけどもね」との石原の言には万感の思いがこもっている。前述したUses of History（歴史の活用）の観点からいえば、これらの政策事例の積み重ねと定型化こそが、成功事例として扱われることになる。

確かに省益を完全に離れて各省の事務次官は存在しえない。しかし省益の議論を戦わせているうちに、国家全体の利益が見えてきた場合、どちらに従うか。その点では選挙に当選を左右される「政」の議員たちよりも、身分保障の厚い「官」の役人たちのほうが、本来はフレキシブルなはずだ。そこに実はたえず生じる官邸と各官庁との二つの「官」の間における微妙なせめぎ合いを、どういう制度的枠組みの中で処理していくかという問題が存在するわけで、それこそが、〝橋本行革〟の最重要課題の一つに他ならない。

村山内閣への逆説的な高い評価

しかし時に細川首相はまた気まぐれに見える行動をとる。前述の政務秘書官や首相補佐官の起用もそうであったが、これは官邸のサポートで事なきをえた。だが日米会談における木内特使の起用は、官邸すら関与できなかったという点で決定的であった。

アメリカ事情に暗い元大使を友人というだけの理由で起用する。それは当然総理大臣の権力とリーダーシップを意識した細川首相の決意の現れではあった。だが結果は、ミゼラブルとしか言いようがないものとなった。ことは、裸の首相は無力ということを再確認するだけで終わってしまったのである。

時系列的に言えば、細川内閣は、ウルグアイ・ラウンドと政治改革に立て続けに成功したあと、国民福祉税、日米会談そして内閣改造と、これまた立て続けに失敗を重ねる。しかし石原は、二月以後も細川首相はやる気まんまんであったと語る。内政も外交も政府もすべて自分の手で変えたいとの意欲は少しも衰えなかったという。それだけに、四月の細川首相退陣表明は唐突なのであった。

もっとも細川退陣には唐突な印象があるものの、羽田後継はごく自然の流れと石原には感じられた。周知のように〝改新騒動〟で社会党が政権から脱退し、少数与党政権として羽田内閣が成立する。

竹下、宇野、海部と三代四年間半ば自動的に留任した後、宮澤・細川両内閣の際には退任を決意していた石原は、羽田内閣にはごく当然に留任する。「まったく性格の同じ内閣が続いた感じ」だったからと言う。

しかも社会党の復帰まちの実質暫定内閣と羽田首相も石原も考えていた。石原が、社会党のために大臣ポストをあけておくのは事務上好ましくないと述べた点に、官房副長官の貫録をみるのはうがちすぎであろうか。

その後、不信任案提出をめぐっての解散から総辞職への過程と、羽田・小沢両氏の対立は巷間伝えられている話と変わらない。村山首相の誕生は、官邸にとっても驚天動地のできごとに他ならなかった。現政権の継続という願望的思考が、ここでもまた発揮される。だが今度という今度は石原も官房副長官を退く決心を固めた。

その決心をまたも覆させたのは、まずは同郷の山口鶴男の説得である。山口の殺し文句は「ここはもう、とにかく私を捨てて、総理も好きでなったんじゃなくて私を捨ててなったんだから、あんたも私を捨てて協力してくれていいじゃないか」であった。村山も「自分と同じく私を捨てよ」との言いまわしで頼みこんでいる。

だが、細川内閣誕生の時と同じく、「政」と「官」の機微を知る統治のプロフェッショナルとしての石原への期待は社会党以上に自民党にむしろ強かったのではあるまいか。社会党出身の「政」(首相と官房長官)と、官邸外のもう一つの「政」たる自民党と、「官」との統治のトライアングル構造の要として石原の存在は考慮されたに違いない。

何をするかわからない社会党の「政」に対して、もう一つの「政」たる自民党としては、直接対峙するよりは、ベテランの「官」を経由することで、無用な摩擦をさけ統治のコストを下げようと考えたのである。さっそく決断を迫られる安保容認論と自衛隊合憲論。この二つは、社会党にとってのレゾン・デートルともいうべき高いハードルであった。社会党首相はもちろん自・社・さ三党政策合意に基づいてではあったが、石原官房副長官のサポートよろしきをえて、政権発足直後にこの大転換をなしとげてしまう。

「時間が経つとかえって切り出しにくくなる。このことを私は申し上げたんです」。どうしてか。石原は地方自治体における政権交代の例をあげ、言いにくい話は最初にすべしと進言している。進言の効果は見事な成果をもたらした。

村山内閣には、首相のリーダーシップは期待されず現実に発揮もされなかった。首相自身が「官」に全面的に頼るという状況の中で、自・社・さ連立の「政」は分裂と離脱をともかくすべて回避するという方針を堅持し続けた。それはこれに先立つ二代の非自民連立政権の轍を踏まぬためでもあった。

何でもやりたがり、首相権力の行使を常に考えていた細川。それとおよそ対照的で何にもやりたがらず首相権力の行使は万事控え目であった村山。「政」からの頼られがいのある「官」として石原は、村山内閣と社会党について逆説的な意味で評価が高い。その真意は次の述懐の中にうかがうことができよう。

「連立を経て、かつての社会党が大きく変わりましたね。しかし、また不幸なことにそれが社会党の支持基盤を壊してしまって、今度は大敗を喫したということですが、ただ、かつての教条主義というんでしょうか、国際情勢も我が国の社会経済情勢もお構いなしに、昔の主張をそのままおうむ返しでいっているよりは、国民にとってはいい意味での変化だったと私は思います」

「政」と「官」のはざまで

七年という歳月は何をもたらすか。生き馬の眼を抜く政治の世界にあって、それはやはりあまりにも長い。そうなると常に〝引き際〟のタイミングをはかる石原に対して、やめさせない力、引き際を与えない力が働いたとしか思えぬ状況が次から次へと出現した。首相官邸の方が石原にすっかりなじんでしまって、辞めるきっかけを与えない。

これはもう政治の魔力である。官邸にはあたかも官邸の意思が存在する如く、石原個人の〝思い〟を翻弄することになったからだ。

しかも今度という今度は、都知事選出馬ということでデッドラインがはっきりと示されている。おまけに鈴木俊一都知事は、一九九四（平成六）年十二月一日にさっさと引退表明をしてしまった。何とか特殊法人の整理にカタをつけた石原を襲ったのは、一九九五年一月十七日の阪神・淡路大震災だ。この危機管理を不十分ながらも終えた後、石原はようやく激職から解放された。

石原は証言のまとめとして、時系列的な話を横断する形で、当時進行していた〝橋本行革〟の参考になるような六つのテーマについて語っている。官房副長官の「歳時記」、官邸の記録の存在、閣議と閣僚懇談会、官房副長官の適性、官邸設備が決定に与える影響、そして内閣官房の機能強化。日本の権力中枢たる首相官邸。平成の語り部、石原信雄の詳細なインタビューからは、「政」と「官」の挟間に常に漂う首相官邸の生態が浮かび上がった。中枢たるべき館が必ずしもいつも中枢ではありえず、中空となる危うさについても鋭い指摘があった。

そしてなお確かに、〝橋本行革〟の成否にかかわらず制度改革は避けられない。だがいかなる〝制度〟も、運営の是非は〝人〟次第である。そこにまた〝制度〟か〝人〟かの永遠の議論のトビラが開《あ》け放たれる。もっとも人材枯渇気味の「政」の世界、そして同じく「官」の世界に、いかに適材をリクルートできるかが、今後の日本の政治・行政をめぐる最大の課題となろう。

❖5―橋本行革は、この後、二〇〇一年の小泉改革に引き継がれ、実現した。拙著『ニヒリズムの宰相 小泉純一郎論』（ＰＨＰ新書、二〇〇六年）、また牧原出「小泉大統領が作り上げた新『霞ヶ関』」『諸君！』二〇〇五年二月号、「戦後政治の総決算が間もなく終わる：歴史からみた経済財政諮問会議とその将来像」『論座』二〇〇五年八月号、「ポスト『構造改革』時代の政策論争とは何か」『論座』二〇〇六年一月号を参照のこと。

❖6―私が現在、オーラル・ヒストリーを手がけている、石原の後任の古川貞二郎は、村山内閣から小泉内閣まで在任八年七カ月で、石原の最長レコードを破った。

❖7―これについて成田憲彦は、中公文庫版の「解説」で次のように述べ、否定している。「私を『二人目の政務担当秘書官』として起用したとか、私が結局『総理府の定員を借りてとりあえず内閣調査官に任命』されたかのようなことが書かれている。私は細川内閣の全期間を通じてただ一人の政務秘書官であり、かつそれ以外のポストに就いたことはない。私が更迭されて内閣審議官になるという話が当時マスコミを賑わしたのは事実だが、内実はかなり違ったし、それは結局実現しなかった。細川氏が止めたのである」

終章

平成くんとの〝戦後〟問答

戦後を表象する人々をめぐる旅は、本書に尽きるものではない。いや有名無名を問わずもっとたくさんいて当然だ。私自身、東大教養学部（駒場キャンパス）の一・二年生むけゼミで、戦後を表象する様々な人物を意識的に取り上げてきた。その気分を一年ほど前、次のように書いたことがある。

職業としての研究教育生活に入って三十二年になる。この間、後をふりむくことなくただ前ばかり見て走ってきた。だがここ数年、何とはなしに過去のことが気にかかり始めた。一九六〇年代後半から七〇年代にかけてのわが青春時代について、そろそろ客観的な——といっても当事者にとっての客観性であって、この時代を知らない若い世代にとっては主観性そのものかもしれぬ、いや実際何度かそういう対応をされた——時代分析ができるのではないかとの思いが日ましに強くなってきたのだ。そのせいか、駒場の一、二年生を対象とする「政治学を読み破る」ゼミでも、庄司薫、萩原延寿、沢木耕太郎といった人物の作品をあらためて読んでいる。

『明治国家をつくる』（藤原書店）あとがきより

やけに神妙な自分自身に気づいて、今さらながら驚く。おまけに〝戦後〟という〝時代〟について今の若者と語りたがっている自分自身に、なおまた胸を突かれる想いを抱く。

しかし自分の子供と同じ年代の若者との一期一会から、そろそろ何か新しい発見が生まれてもよいのではないか。父親が子供に自らの知識と体験を教え、子供が疑問と反発をぶつける。戦後表象をめぐっていつのまにかそんな古典的な父と子の問答が成り立ち始めているようにも思われるのだ。

そこで、ここ数年にわたるゼミでの共同作業の成果を、これから少しずつ形にしていこうと決意した。本書は続く何冊かの本の総論的位置を占めることとなろう。

私がひそかに〝平成くん〟と名付けている、ゼミに集う一九八九年前後に生まれた二十才になるかなったかの若者たち。戦後を表象する人物を読み破りながら、自らの論理と感性で〝あの時代〟と向きあおうとしている〝平成くん〟たち。彼らと私との問答の中からいくつか戦後を表象するテーマに即して紹介しておきたい。

まず「序」でも触れたソクーロフの『太陽』における昭和天皇のイメージだ。平成くんは述べる。「そぎ落とされた音楽、彩度の低い色調、口数の少ない登場人物、抽象的な形でしか描写されない焼き尽くされた東京の街。この画面から監督が伝えたかったのは、天皇及びその周辺の静かで緊張した雰囲気であろう。それは明らかに地上の地獄絵とは一線を画していたのであり、その対比を暗に匂わせながら、監督は〈人間〉としての昭和天皇を描こうとしたのである」

この平成くんの理解から、徳川義寛描くところの、戦時でも平時を装いうる宮中と天皇の姿までは一瀉千里の如しだ。そして現人神として固定化された部分とは別に、戦時中にも厳然とあった「人間」天皇の部分が、戦後国家への昭和天皇の素早い対応を用意したであろうことを、平成くんの筆致は示唆する。

次は庄司薫の『赤頭巾ちゃん気をつけて』と『狼なんかこわくない』をめぐる議論について。平成くんは躍動感あふれる言葉で語る。

「六〇年代は非常に特殊な青春期だった。いわば戦後世代の〈青春〉まっ只中であり、戦後の〈青春〉でもあった。その〈青春〉においては、福田章二のような、戦時中も戦後も『ミソッカス』扱いされた若者たちは立ち上がらない。社会に未だ入ることなく、〈純粋〉と〈誠実〉を信じる若者たちだけが、自己の発見、自己否定、他者否定、現実否定、という経路をたどって、〈力〉によって社会に対抗した。その〈力〉とは〈暴力〉であり、庄司薫言うところの〈力〉とは異質なものだったろう」

ここまで一気に語った平成くんは、「ただ、少し待ってほしい」との合いの手をはさんで、畳みかける。

「果たして、庄司薫の言う〈力〉とは何か。萩原延寿は『狼なんて…』の解説の中で、新しい観点として、青春における『〈純粋〉と〈誠実〉という美徳に〈力〉という援軍を付与したこと』を挙げている。その援軍たる〈力〉とは、『この現実の社会の中で、その夢を実現し可能性を具体化するために必要なものと定義される。他方『社会に出てからもなおその力を育てるためには組織に入ることが一般的には有利』とされる」

果たしてそうなのだろうか。平成くんは疑問を呈する。

「この二つの表現は相反する、といって悪ければ、整合していない。それは、まさに、打鍵の強さと音楽の力の強さとの違いのようなものだ」

「でも」と、平成くんは結論を急ぐ若者らしく、〈暴力〉を振った全共闘の学生たちは、萩原流解釈による庄司薫言うところの〈力〉の二律背反性ゆえに結束を維持できず、一斉に「就職転向」してしまったのではないかと反問する。

その上で平成くんは庄司薫に対して、最終的に異議申し立てをする。

「『若々しさのまっただ中で犬死しないための方法序説』と『馬鹿ばかしさのまっただ中で犬死しないための方法序説』との関わりについて、庄司薫は、青春における危険（すなわち、自己否定から他者否定へと続く危険）は、『たんに「若さのまっただ中」における危険ではなく、現代そのものの危険にちがいないのだから』と言って、同義なものとして捉えてしまう。しかし、我々の青春は、

『若々しさ』＝『馬鹿ばかしさ』と退廃化する庄司薫の割り切った枠組みのうちに収斂していくのだろうか」

平成くんは今なお終わらない〝戦後〟にあって、四十年前に庄司薫が明かした〝戦後の青春〟の議論に焦ら立ちを隠せない。まことに切ない表情で平成くんはつぶやく。

「結局のところ、庄司薫は『ぼくは民主主義を最大のフィクションとする現代の価値の相対観を、極めて不自然なもの、ぼくたちのいわば本能に反する、といって悪ければ、少なくとも本能を抑圧するものと考えている』と言って、現実さえ否認して、我々に答えを提示してはくれないのに」、どうしたらいいんだと地団駄を踏み煩悶する体《てい》の平成くんが思い浮かぶ。

だが若者は思い切りもまた早い。四十年たった現在の〝戦後〟とむき合うとき、すぐさま堂々と宣もうことができる。

「そこに至って、我々は庄司薫に頼ることなく、自ら〈青春〉の危険を認識し、それを乗り越えていく、新たな〈力〉を持たなければならないことに気付くだろう。なぜなら、庄司薫は現代社会の特徴を情報洪水と価値の相対化といったけれども、我々にとっては、その溢れる情報こそが日常であり、相対化された価値こそが絶対だからだ」

さて三つめは、戦後を表象する政治家への言及である。「戦後民主主義とは何か」を問うと、田中角栄という異能の政治家をその中にどう位置づけるかという議論がすぐさま登場する。平成くんもここは思案顔である。

「田中角栄は戦後民主主義の申し子か、それとも鬼子か」と二者択一を迫る教師の前に、平成くんは汗をかきかき答えを探しまわる。

私は平成くんに池田勇人、大平正芳といった宏池会に連なる人脈、それに池田政権への評価が重要ではないかとのヒントを与える。それに関連して、戦後表象の観点を含め『萩原延寿集』(朝日新聞社、二〇〇七-〇八年)をゼミで講読した際の平成くんの問題把握について、私は次のような書評を書いた。

人の真価は棺《ひつぎ》を覆うて定まると言われる。文筆を業《なりわい》とする者は、著作集を公にして事定まるのだ。逆に生前は言葉と文章を武器に戦った人が、著作集という凝集力がないばかりに、見るも無惨《むざん》に日をおかずして忘却の彼方に追いやられるケースを、余りにもたくさん見てきた。

萩原延寿、逝きて七年。奇《く》しくも七巻揃《そろ》った著作集を前に、学生時代以来この人の著作に影響を受けてきた者として感慨を禁じえない。馬場辰猪《たつい》、陸奥宗光、東郷茂徳、アーネスト・サトウ(これのみ別立ての文庫版)、この四人は萩原の近代史を彩る主人公たちだ。「権力」と「理念」という、相反するかに見える二つの政治の契機と機微とを、萩原はこれらの主人公の言動の中に見出そうとした。

確かにこの二つの政治の契機は、普遍的命題たりうる。この四作品が一応「完成」の域に達するには、一九六〇年代から九〇年代まで三十年を要している。おそらくは萩原が一生を賭けて追究した課題だった筈《はず》だ。そんなことを漠然と思いながら、折に触れて読んできた萩原の作品を、平成生まれの多い二十歳前後の若者たちと、東大・駒場のゼミで読み破る試みに挑んでみた。するとそこには思いもかけぬ驚きと発見があった。

馬場(一巻)陸奥(二・三巻)という明治を描いた作品群と、時評・書評・エセー(五・六・七巻)という現代を意識した作品群とが、我が子と同世代の若者の読みを通じて、何と共振現象をおこし始めた。歴史意識が希薄だからこそ彼らは、豊饒《ほうじょう》な歴史意識に満ちた萩原の著作を、いとも容易に時空を超えて自在に読みこなしたのだ。そこに萩原にとってのあの時代——一九六〇年代——が、くっきりと浮かび上がった。

無論若者は一九六〇年代など知る由もない。ましてや明治時代なんてはるか昔のことだ。いやどちらも知らぬという点においては同じなのだ。しかし著作集の威力は恐るべきもので、新しい読者は物の見事に、一九六〇年代の位相の中に、萩原の明治ものと現代ものとの共通感覚を体感した。

それを気づかせたのは、何よりも編集上の工夫がとりわけ『自由のかたち』と題する六巻には秘められているからだ。実はこの巻だけがテーマ別でなく発表順に並べられている。

一九六三年から六五年までのわずか三年ばかりなのだ、池田内閣と社会党を焦点に萩原が現代を論じたのは。これらの鋭い現代論は萩原の生前には遂《つい》に一書にまとめられる機会を得ず、三周忌に際して初めて『自由の精神』（みすず書房、二〇〇三年）という書物になったが、これはテーマ別編集の体裁だった。

実は明治ものの発表は、一九六五年から六八年までの四年間とわかる。明治と現代を見すえその緊張感の中に萩原は自らを措定した。そして保守の池田内閣を評価し革新の社会党を批判した萩原は、佐藤内閣の出現と社会党構革派の敗退の中で、自らの思いを現代から明治に託するようになった。しかし一九六〇年代の終焉《しゅうえん》と共に、萩原は諦観《ていかん》の境地に達したのではあるまいか。

時代を生きることの難しさを、もがきながら時代と格闘する姿を、改めて萩原の著作集を通して教わった。若者と共に感謝したい。

「著作集から見える〈時代〉」『読売新聞』（二〇〇八年七月六日朝刊）

萩原延寿は、確かに自らを表象する言語をもたなかった池田内閣と社会党（とりわけ構造改革派）に、明快な表現を与えた。それについて平成くんはしなやかな理解を示す。

「萩原延寿は、一貫してゲイツケル以後のイギリス労働党をあるべき社会主義政党の姿として想定し、自らの支持する日本社会党の遅れを批判した。逆に自民党の政治家である池田勇人には、『議会による保守派』として高い評価さえ与えている。萩原によれば、池田勇人は、イデオロギー政治を廃し、より民主主義の本質としてのスタイルを重視した政治家であり、安定的な政権のモデルを構築したと評価される。すなわち、萩原にとっての政党の〈リアリティ〉言い換えれば存在価値とは、政権運用能力があることだった」

そうであれば「日本社会党のリアリティは政権運用能力にあったのか」と平成くんが反語的に指摘するように、構造改革派（江田派）敗北後の社会党に到底それは見出せない。その上、平成くんはここでも「力」と「肉体」に着目してやまない。そして萩原が論じたロンドンの「マイ・フェア・レディ」とニューヨークの「ウエストサイド物語」とを引き合いに出して続ける。

「ハッピー・エンド（階級社会の超克）へ向かう性格を帯びた『マイ・フェア・レディ』と、完結せざる主題（人種的偏見と貧困）を奏で続ける『ウエストサイド物語』を比べるとき、日本社会党は明らかに後者の人々を代表しており、その人々においては言葉ではなくて、行為が、激烈かつ迅速に走ることになる。おそらく、大学紛争もその肉体的運動の範疇で捉えられるものであって、萩原は、大学紛争が池田政権の形成した『〈おそるべき単純化〉に深刻な一撃をあたえた』役割は大きいと述べている」

確かに構造改革派の江田三郎は、初期の大学反乱についてははっきりと学生の側に同情し支持をしていた。したがって平成くんの言やよし、池田政権と日本社会党と大学反乱との三つが表象する新たな〝戦後〟のダイナミズムに、もっとメスが入れられてしかるべきだった。平成くんは「萩原はその議論を〈ともあれ〉と片付けてしまったのはなぜか」と、訝しがる。

さらに沢木耕太郎の『テロルの決算』を、萩原延寿の社会党論との比較の視座で捉えようと、平成くんは試みる。イギリス労働党を政権運用能力のある政党に変えたゲイツケルと、日本社会党を「アメリカ帝国主義は日中共同の敵」と言い放ったまま身動きがとれなくしてしまった浅沼稲次郎。これら日英二人の比較党首論には明らかに意味がある。しかし戦後を表象する浅沼稲次郎の死が、池田内閣の時代に、テロルによってもたらされたことを、どう考えるのか。平成くんの答えを見よう。

「すなわち、右翼少年によるテロルは、六〇年における日本政治のシーンには、萩原の『保守』と『革新』という二項対立では捉えられない右翼という勢力が存在したことを物語る。そして、沢木はさらに、浅沼と右翼の接点としてあの戦争にまで話を遡らせる」

戦争協力をした左翼の戦後、それを浅沼は表象している。そして戦後への適応のため、「人間」天皇が演出された結果、行き所を失った右翼の戦後。ダラ幹の連鎖を断ち切るように現れた右翼少年は、では何を表象していたのか。

今度は平成くんの疑問に私が答える番だ。生きていれば例のセルフメイド・マンがモデルとなったであろうか。いや〝戦後〟にあっては、セルフメイド・マン笹川良一でさえも、モーターボートという独自の世界に好んで封じこめられねばならなかったのだから、右翼少年にはその道ははるか彼方であり、結果として自らも命を断つしか選択肢はありえなかっただろう。

かくて「テロルの決算」報告書の要点は、日本社会党から政権運用能力のある政党への転換の契機を奪い、左翼バネがきいてしまったこと、右翼による大物政治家へのテロリズムがなくなってしまったことの二つに尽きてしまうのである。

平成くんへの私の答えは続く。確かに日本社会党の将来への願望的思考に比較すれば、池田自民党政権への評価は萩原にとって微妙であった。池田を囲むブレーンとしての前尾繁三郎、大平正芳、宮澤喜一といった政治家に、下村治や大蔵省の現役官僚の面々。彼らが描いた「所得倍増計画」の決定と展開は、沢木が『危機の宰相』に活写した通りだ。ここまで議論してきて、いよいよ平成くんは田中角栄の位置づけを行わねばならない。

「六〇年代、池田政権下で政治の脱イデオロギー化が進み、新しい政治的価値基準としての『カネ』が立ち現われた」と述べる平成くん。では新しい政治のあり方を模索する池田が、自らのブレーンからではなく、なぜ田中角栄を大蔵大臣にしたのかと反問する私。

しかし、私の論文や解説を精査ずみの平成くんは、すぐさま私の矛盾追及に転ずる。『戦後日本の宰相たち』(中公文庫)の田中角栄論では「戦後民主主義の鬼子」と述べ、本書にも採り上げた沢木耕太郎『危機の宰相』の解説でも「高度経済成長が育んだ『鬼子』であった」と明言しているではないか、と迫るのだ。確かにそうだ。でも池田との連続性の上で、あえて考えたい、と説明する。

とまどう平成くんを前に、ディスインテリと宮澤に言われ、佐藤栄作をして「あの男でも総理になれるんだからなあ」と慨嘆せしめた池田だからこそ、あの人事はできたのだと私は解釈する。「車夫馬丁の類」でも有能であれば大蔵大臣が勤まる時代になったのだ。その意味でなら、「経済政策通の池田勇人が大蔵大臣として田中角栄を入閣させた事実は、池田が角栄を単なる『車夫馬丁の類』として見ていたわけではないことを物語っているし、角栄もまた戦後民主主義の系譜に位置づけられることを示している」との平成くんの答えもあたっている。

「戦後民主主義」がたゆまぬ平等化と大衆化を指向する以上、総理大臣も大蔵大臣も切り下げられて当然なのである。しかも田中は池田においてさえ即物的だった「カネ」の価値を、さらに即物的に質量ともに拡大していく。高度成長は「カネ」の価値をますます高め、それは戦後民主主義安定の保障となるわけだから、田中は明らかに戦後民主主義の「申し子」に他ならない。

田中は出自や政治運営の手法において「鬼子」的に見えるが、戦後民主主義が表象する正統派の人物と解して、少しも差し支えないのだ。平成くんとの議論を私なりに整理すると、こんな結論が得られる。

それにしても、〝戦後〟を読み破る作業は骨が折れる。いっそまったく了解の範囲外のことであれば、一から理解しようと諦めるから、早合点や独善がおこりにくい。ところが〝戦後〟を表象するヒトやモノやコトに触れるとき、平成くんたちはとてつもない思い違いをする。〝戦後〟はダラダラと切れ目がないかのように見えるので、今日の常識を二十年前、四十年前の〝戦後〟理解にも何のためらいもなく当てはめてしまうのだ。それ故、彼等からの疑問が発せられない限り、私と彼らは文字通り「同床異夢」の状況におかれていることになる。

しかしそれは物心ついてからずっと〝戦後〟を生き抜いてきた大人たちにもいえる。それこそゆるやかな変化——驚くべき変化がおこっているにもかかわらず、ヒトは普段そういう見方をとらない——が続いたと思いこんでいるが故に、〝戦後〟のある特定の時期の特定の事柄について、それが当時はあまりに常識であった場合ほど、きれいさっぱり忘却の彼方に置き去りにしてしまうからだ。

〝戦後〟や〝戦後を表象する人々〟を語るとき、〝今の常識〟は〝過去の非常識〟というくらいの観点を担保しておかないと、平成くんとの問答も危ういものとなる。その恰好の例として『クレヨンしんちゃん　嵐を呼ぶ　モーレツ！　オトナ帝国の逆襲』[❖8]という原恵一監督のアニメ映画に触発された平成くんの議論をながめてみよう。

「二十世紀の匂いをリアルなものとして感じるケンたちにとって外（二十一世紀）の世界は無臭の世界でしかなかった。しかし、彼らから二十一世紀を取り戻したのは、決して二十一世紀の最新技術ではなく、しんちゃんたちの肉体だった。ケンたちの陰謀を食い止める時、しんちゃんの輪郭はいやにクッキリと描かれる。そのしんちゃんの肉体による抵抗を白黒テレビで見た大人たちからは急に二十世紀への思いが消え、二十世紀博覧会内部から二十世紀の匂いが消えていく」

平成くんは、そこでくり返し問いかける。

「人々にとって、『肉体』こそがよりリアルなものだったということか。匂いとか、そういった皮膚の外側とは明確に線引きされた自己の肉体こそがリアルだったのか」

世紀派か元号派か。庄司薫の『狼なんか…』に触れた際、私はそれを問題にした。所変われば品変わる。平成くんは、このアニメを手がかりに、昭和と二十世紀の関わりという形で問題を再提起する。平成くんの疑問点は明快だ。

「我々は二十世紀の最末期をぼんやりと記憶しているけれども、それは二十一世紀と全く違う時代ではなかった。さらに言えばケンたちの造っていた世界とは根本的に異質なものだった。ケンたちの造っていたのは典型的な昭和の世界ではなかったか。実際、多くのオトナたちが郷愁を感じる対象は『昭和』という時代であるように思われる。では、なぜ原恵一はわざわざ『昭和』でなく、『二十世紀』を切り取ったのか。彼らにとっては、『昭和』と『二十世紀』はほとんど同義なのか。それとも『昭和』よりさらに手前に郷愁の対象を引き出してこようとしているのか」

平成くんは一挙にここまでまくし立てた挙げ句、「所詮『昭和』の記憶のない我々にとっては理解しがたい領域なのかもしれない」と、長すぎる〝戦後〟故のバーチャルとリアリティの関係を確認し終わると、下をむいて押し黙るのであった。

平成くんとの〝戦後〟問答は、なお余韻を残しつつこれで終わる。最後に、東大は駒場キャンパスの秘境、先端研十三号館で開かれている二〇〇八年度の「御厨ゼミ」に在籍して課題図書を読み破り、ペーパーを書き抜き、ディスカッションを活性化させた〝平成くん〟たちに、登場願おう。すべての回に出席しペーパーを出した上、議論をリードしたゼミ長の佐藤信（本章で引用参照したペーパーはすべて彼の手になるものである）、正統派を自他ともに認める佐々木雄一、読書量が半端ではない村松拓、プレゼン能力に長けた谷中寿成、そして、ペーパーを出し続け議論に貢献した坂本龍一、横山雄一、丸谷昂資、志賀賢二、荒井友里恵、その他の諸君。

今年度の〝平成くん〟たちは、口八丁手八丁の強者揃いで、幾重にも幾重にも議論のサーキットが出来上がった。それを、閉ざされたゼミという場から、より広い空間へと開いてみたかった。オープン・キャンパスならぬオープン・ゼミの試みと言ってよい。

かくて終章では、〝平成くん〟と名づけたゼミの若者とのやりとりを、本書のテーマに即して再構成することになった。実験的試みではあるが、還暦に近い教師と、その子供の年代の学生との試行錯誤の作業として位置づけたい。

❖8―『クレヨンしんちゃん 嵐を呼ぶ モーレツ! オトナ帝国の逆襲』
二〇〇一年に公開された同作品劇場版シリーズの第九作。監督は原恵一。コメディタッチの既存作とは一線を画し、大人が泣ける内容としてシリーズ屈指の名作との呼び声が高い。展望の見えない新世紀(二十一世紀)への不安を逆手に取った古き良き二十世紀日本への郷愁をモチーフとしつつ、その超克を示した。
昔懐かしい光景を再現したテーマパーク「二十世紀博」が全国で人気を集めるが、これに取り憑かれるように夢中になったのは子どもたちではなく大人たちであった。やがて異変が起こり、町中の大人たちが家事や仕事を放棄して遊びほうけ、子どもたちを置き去りにしてどこかへ行ってしまう。これは「汚れた金」や「燃えないゴミ」にまみれた未来を改変すべく、古き良き二十世紀への回帰をもくろむケンをリーダーとする秘密結社の仕業だった。主人公のしんのすけたちは大人を子どもに戻し、古き良き昭和を再現することで未来を放棄させるという、オトナ帝国化計画に立ち向かう…。

初出一覧

序　戦後を表象する人々（書き下ろし）

第一章　戦後を生きる　象徴天皇とその周辺

◈昭和の伴走者が描く宮中の秩序感覚（「解説」『徳川義寛終戦日記』朝日新聞社、一九九九年）
◈我と日本の敗戦を見つめるまなざし（「解説」『徳富蘇峰終戦後日記　「頑蘇夢物語」』講談社、二〇〇六年）
◈昭和を看取った最後の「オク」の住人（「解説」『昭和天皇最後の側近　卜部亮吾侍従日記』朝日新聞社、二〇〇七年）

補説❶◈宮中政治家と宮中官僚を見つめた昭和天皇の本音（「コラム」『卜部日記　富田メモで読む人間・昭和天皇』朝日新聞社、二〇〇八年）

第二章　戦後に賭ける　セルフメイド・マンとはどのような人々か

◈極限の状況下で試された指導者たちの沽券（「解説」『巣鴨日記』中央公論社、一九九七年）
◈冷徹な観察眼がとらえた戦犯の生態（「20世紀日記抄　19」『Ｔｈｉｓ ｉｓ 読売』一九九六年十月号）

第三章　戦後を写す　仕掛けるメディアと切り取る作家

◈時代を「仕掛け」たジャーナリストの肖像（「解説」『渡邉恒雄回顧録』中央公論新社、二〇〇〇年）

補説❷◈七年たった渡邉さん―なお手入れは続く―（「文庫版のあとがき」『渡邉恒雄回顧録』中公文庫、二〇〇七年）

補説❸

◈偶然を必然にする気合—まだまだ手入れの日々—(『読売新聞』二〇〇八年一月十三日朝刊)

◈庄司薫はにげ薫　三十三年たっての解説(「解説」『狼なんかこわくない 改版』中公文庫、二〇〇六年)

第四章

戦後を築く 保守政治家と高級官僚のたたかい

◈六人の政治家が語ったこと、語らなかったこと、語り得なかったこと(「解説」『私の履歴書 保守政権の担い手』日経ビジネス人文庫、二〇〇七年)

◈書かれなかった物語があぶり出す蜜月の終焉(「解説」『危機の宰相』魁星出版、二〇〇六年)

◈五五年体制の崩壊と官邸強化の生き証人(「平成の首相官邸 インタビューを終えて」『首相官邸の決断』中央公論社、一九九七年)

終章

平成くんとの〝戦後〟問答(書き下ろし)

[著者略歴]

御厨貴（みくりや・たかし）

東京大学先端科学技術研究センター教授・放送大学客員教授・東京都立大学名誉教授

1951年東京生まれ。東京大学法学部卒。東京都立大学法学部教授、政策研究大学院大学教授を経て現職。主著に『政策の総合と権力』（東京大学出版会、1996年サントリー学芸賞）、『東京』『本に映る時代』（ともに読売新聞社）、『馬場恒吾の面目』（1997年吉野作造賞）『日本の近代3　明治国家の完成』（ともに中央公論新社）、『オーラル・ヒストリー』（中公新書）、『保守の終わり』（毎日新聞社）、『ニヒリズムの宰相 小泉純一郎論』（PHP新書）、『天皇と政治』『明治国家をつくる』（ともに藤原書店）など。

内閣府・栄典に関する有識者、日本公共政策学会会長、TBS系列「時事放談」キャスターなどを勤め、現在、毎日新聞に『権力の館を歩く』（毎月第三水曜日朝刊）を連載中。

表象の戦後人物誌

二〇〇八年一〇月三〇日　初版第一刷発行

著者　御厨貴

発行者　千倉成示

発行所　株式会社 千倉書房
〒一〇四－〇〇三一
東京都中央区京橋二－四－一二
〇三－三二七三－三九三一（代表）
http://www.chikura.co.jp/

印刷・製本　中央精版印刷株式会社

造本装丁　米谷豪

ISBN 978-4-8051-0912-0 C1020